TABLA DE CONTENIDOS

Primer Edición
2022

1. ANÁLISIS DE MERCADO

PARA AQUELLOS QUE SE ATREVIERON A CREER

ALGO DENTRO DE ELLOS ERA SUPERIOR A LAS CIRCUNSTANCIAS

-Bruce Barton

El mercadeo es esencial para promover un negocio y ganar más ingresos. Es competitivo y las expectativas de nuestros clientes estan cambiando. Los avances en tecnologías está cambiando las formas de comunicarnos con nuestros clientes. En este libro miramos el proceso de aclarar una estrategia competitiva, desarrollar contenido impactante y luego navegar las partes técnicas de la web para obtener visibilidad.

En este primer capítulo analizaremos la economía y luego formamos nuestras estrategias. La economía es mucho más que un índice de Wallstreet o una clasificación de bueno o malo. Hay multitudes de ocurrencias en nuestra sociedad que están afectandonos. Para entender todas las causas y sus afectos utilicemos una herramienta que se llama un modelo económico; un modelo económico ayuda a simplificar todo lo que está pasando para entender cuáles son las tendencias que presentan oportunidades, amenazas y señales y que, de esta forma, podamos adaptarnos.

ANALICEMOS EL MERCADO DESDE DIFERENTES PERSPECTIVAS PARA OBTENER CLARIDAD

Una vez que estudiemos las influencias en nuestras sociedad, podemos desarrollar nuestra estrategia empresarial. Los propietarios de negocios pueden utilizar esta metodología para competir, lanzar campañas de publicidad, tomar decisiones sobre precios, productos y servicios. La formación de una buena estrategia puede aclarar objetivos operativos. Comencemos por usar este método para evaluar las condiciones actuales del mercado y luego apliquemos estas tendencias a su negocio.

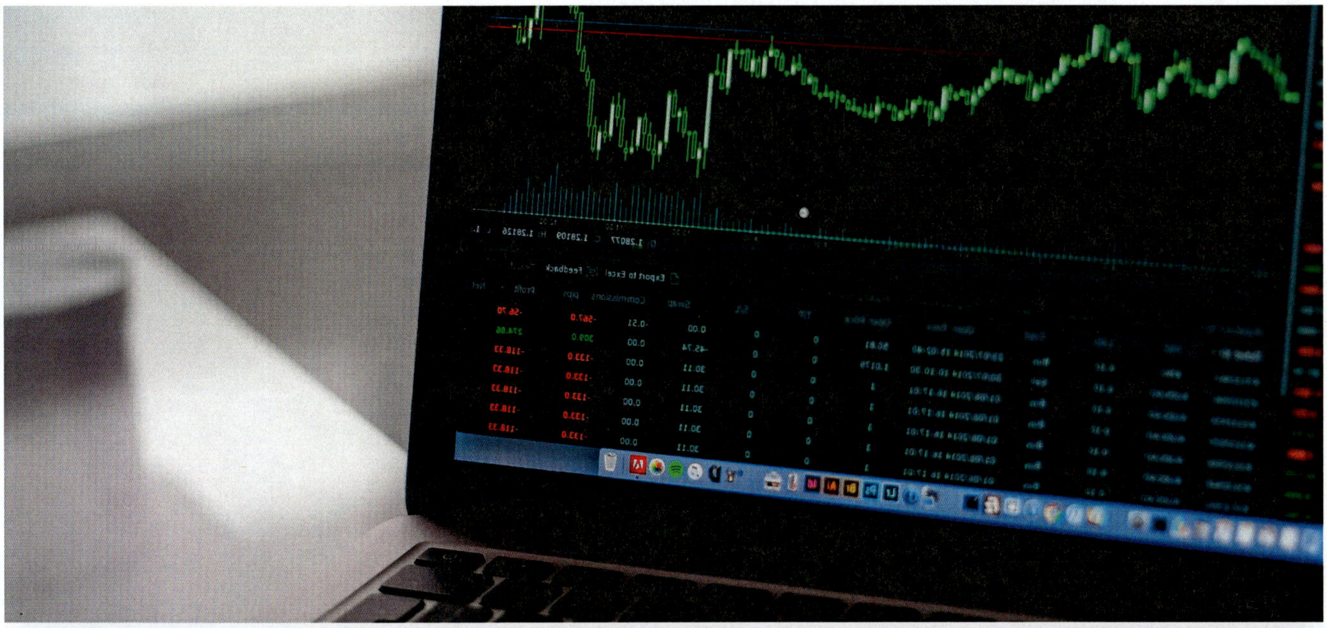

MODELOS ECONOMICOS

Analizaremos el mercado a través de varios lentes: sociocultural, tecnológico, económico, ambiental y político. Estas situaciones siempre están cambiando y, al revisar estas perspectivas, podemos identificar causas y efectos.

Desarrollamos productos y servicios para atender las necesidades de nuestros clientes, no para satisfacer nuestros gustos. A veces es difícil saber si tus gustos y circunstancias son las mismas que las de los clientes. Necesitamos expandir nuestro punto de vista para ver el panorama completo y asegurarnos de que nuestra oferta resuene con el objectivo de nuestro cliente.

Deberías empezar con la pregunta básica. ¿Es esto lo que quiere mi cliente? Cuando analizamos casos de empresas fracasadas podemos ver como un negocio con los mejores productos puede ser destinado a tener problemas, si no toman en cuenta las características de su mercado.

¿Qué puede pasar si no investigas tu mercado antes de invertir? Imagina un proyecto de un centro comercial multimillonario. A pesar de tener un presupuesto grande, instalaciones bellamente diseñadas y los mejores productos en el mercado sin estudiar su mercado puedas estar arriesgando fracaso.

Si no estudias bien el mercado corres el riesgo de no resonar en la población o no encontrar una base de clientes suficientemente grande para ser exitoso. Aunque tienes la mejor calidad, a veces tener precios acesibles es más importante. Siempre existe competencia, pero sin estudiar bien el mercado es difícil formar una estrategia para superar otras ofertas en el mercado. Para empezar un estudio del mercado local debemos revisar la demografía de la población. Miramos características como los grupos de edad, estilos de vida del hogar (ej. familiar, soltero, jubilados) y cómo estas circunstancias afectan las necesidades de nuestros clientes. Entendiendo cuales son los eventos que requieren nuestra atención.

Comienza el análisis buscando información demográfica sobre la población de tu mercado. El sitio web del censo es un lugar excelente para encontrar esta información. Esta organización recopila datos mensuales, trimestrales, anuales y de cada 5 y 10 años. Comprende los grupos de edad de la población. Presta especial atención al nivel medio de ingresos y educación. Toma nota de la tasa de desempleo actual. Incluso puede obtener información sobre el crecimiento empresarial. Esta información es importante para negocios que venden directo a otras empresas. La información es gratis y está disponible en línea.

La siguiente información sobre tu mercado local está disponible en los datos del censo y otras bases de datos del gobierno.

- ¿Cuál es el tamaño de la población de su mercado?
- ¿Cuál es el ingreso promedio de la población en su mercado?
- ¿Qué es la tasa de desempleo?
- ¿Cuál es la distribución por edades en la población de su mercado?
- ¿Cuáles son los valores de las propiedades en tu región geográfica?
- ¿Cuántos hogares hay en la región geográfica de tu mercado?
- ¿Cuánto ganan los hombres promedio?
- ¿Cuánto ganan las mujeres promedio?
- ¿Cuál es la conectividad en su mercado local? ¿Los residentes tienen internet, teléfonos celulares y otros dispositivos de comunicación?
- ¿Cuál es el nivel educativo de la población?
- ¿Cuál es el número de quiebras que se están presentando? ¿Cómo se compara esto con otros años?

Indicadores y señales en la economía

¿Qué indica una economía sana? Hay una serie de indicadores que pueden ayudarnos a comprender la salud de la economía. Algunos de estos son indicadores previos a cambios. Por ejemplo, un cambio en la bolsa de valores (stock market) o índice de precios al consumidor pueden mostrar que están empezando cambios. Los indicadores rezagados muestran cómo ese evento afectó a la economía y si está llegando a una conclusión. Los indicadores rezagados comunes incluyen: tasas de desempleo, precios de la vivienda e informes corporativos de ganancias. Ambos tipos de indicadores son muy útiles. Concéntrate en la escala del evento. ¿Estos cambios no sólo se reflejan en los indicadores locales, también en los mercados nacionales e internacionales? Los cambios a gran escala pueden indicar efectos prolongados.

Para las empresas pequeñas, es posible que los indicadores económicos nacionales o internacionales no lo ayuden en sus decisiones comerciales. Como empresarios, debemos comprender lo que está sucediendo en nuestros vecindarios, estados y regiones, como lo que está sucediendo en todo el país y en todo el mundo. Existen diferentes indicadores que pueden ayudarlo a comprender lo que está sucediendo en cada escala. Monitorear los índices de precios en su mercado local puede ayudarle a comprender los cambios que se están produciendo. El gobierno municipal produce informes laborales con estadísticas que pueden ayudarlo a comprender el estatus de su economía local. El bajo nivel de desempleo podría indicar una fuerte confianza del consumidor. Los precios altos podrían indicar inflación y sobrevaloración de los precios de mercado. Al monitorear estos dos indicadores, puedes tener una idea de la salud de tu economía local y tomar decisiones informadas.

UN ÍNDICE ES LA AGRUPACIÓN DE PRECIOS PARA CALCULAR UN PROMEDIO Y COMPARARLO CON OTRO PERIODOS.

Fuentes de información

- Estadísticas del Departamento de Trabajo.
- Departamento de Desarrollo Económico y Comercio
- Junta de Planificación
- Federal Bankruptcy Court
- Bureaus de Turismo
- Precios de Vuelos
- Multiple Listing Service (MLS) de Bienes Raíces

PERSPECTIVAS

Mirada a Largo Plazo

Tradicionalmente, visualizamos metas a corto plazo que conducen al logro de metas a largo plazo. El corto plazo se define como las tareas que esperamos lograr en los próximos meses. Las metas a largo plazo generalmente se consideran la culminación de estas metas y aspiraciones más grandes. Me gustaría desafiarte a que contemples de manera diferente. Cada perspectiva tiene características únicas que, si se aprovechan, pueden brindar mejores resultados. Ten en cuenta que la rentabilidad financiera, el éxito operativo y las mayores aspiraciones dependen de varios factores comerciales. En el nivel más básico esto incluye los ingresos, los costos variables y los costos fijos. Los costos variables son el costo de los suministros para producir los productos, o las horas laborales de los empleados. Mientras que los costos fijos generalmente se consideran gastos administrativos, como la renta de la oficina, préstamos para vehículos, seguros, etc. A corto plazo, puede ajustar los gastos variables, como la cantidad de suministros que tiene en el inventario y su presupuesto para publicidad. Sin embargo, los costos fijos son más difíciles de cambiar en el corto-plazo. Las razones pueden ser que estos costos tienen contratos asociados y suelen tener fechas de vencimiento en el futuro. Otra razón puede deberse a que el proyecto es muy grande y lleva tiempo completarlo. Por lo tanto, es posible que aumentar la capacidad de tu empresa no sea factible a corto plazo. Sin embargo, lanzar promociones y cerrar contratos es muy factible en ese corto periodo de tiempo.

La planificación a largo plazo le permite tomar diferentes tipos de decisiones comerciales. Por ejemplo:

- La decisión de aumentar su espacio comercial
- La decisión de realizar inversiones en equipos y sistemas informáticas
- Las negociaciones sobre la financiación de proyectos con fondos externos
- La introducción de nuevos productos y servicios
- Las decisiones para ingresar a nuevos mercados

Estas decisiones comerciales requieren una planificación adecuada. Se merecen estudios antes de tomar una decisión final. Cada paso debe coordinarse cuidadosamente, incluida la preparación y capacitación del personal. Negociar estos aspectos de tu empresa puede marcar la diferencia entre el éxito y el fracaso.

Es importante notar que hay una ventaja de tiempo en las negociaciones. En general, quienes negocian con tiempo suficiente tienen la ventaja. Aquellos que necesitan alcanzar metas a corto plazo a menudo se encuentran en desventaja en una negociación. Ésta es otra razón por la que las decisiones financieras importantes deben planificarse con una estrategia a largo plazo. Por lo tanto, una estrategia cuidadosa a largo plazo le dará la mejor oportunidad de aprovechar al máximo estas oportunidades. Sin embargo, una cosa que no puede hacer en la planificación a largo plazo es garantizar las condiciones del mercado. No se puede decir con certeza que lo que es popular hoy lo será en 5 años. No se puede presumir cómo será el entorno económico, competitivo o regulatorio. Por lo tanto, las decisiones sobre publicidad, promociones y esfuerzos de ventas se deciden mejor con estrategias a corto plazo. Es mejor decidir aprovechar los incentivos disponibles como parte de su estrategia a corto plazo.

La planificación a corto plazo es mejor para los siguientes decisiones comerciales.

- La decisión de invertir en la publicidad
- La oferta de descuentos u otros incentivos
- El manejo de los horarios de los empleados
- Decisiones sobre las cantidades de inventarios
- Manejar las partes interesadas en distribución
- La contratación de empleados o contratistas
- Recolectar y interpretar datos importantes del negocio
- Lanzamiento de programas de adiestramiento
- Hacer mejores en los procesos operativos y servicio al cliente

Si bien muchas personas caen en la trampa de enfocar constantemente en objetivos a corto plazo y esperar finalmente alcanzar los objetivos a largo plazo, es posible que estén perdiendo oportunidades. Desarrolla tu juego corto y largo por separado para aprovechar las ventajas de cada perspectiva empresarial.

LAS DECISIONES A CORTO PLAZO APROVECHAN DE LA INFORMACIÓN DE MERCADO. LAS DECISIONES A LARGO PLAZO APROVECHAN LA POSIBILIDAD DE NEGOCIAR CONTRATOS A TU FAVOR.

TECNOLOGÍA

¿Cuáles son los cambios que afectan a las empresas hoy en día?

Software para manejar los contactos

Estamos fortaleciendo los enlaces entre todos los ciudadanos con mejores redes y conexiones a la web. Los sistemas de manejo de contactos ayudan a los equipos de ventas a mantenerse enfocados y lanzar campañas digitales. Los sistemas de administración ayudan a las empresas a rastrear las preferencias de los clientes para brindarles servicios superiores.

Plataformas para Realizar Ventas

También están surgiendo plataformas emergentes, donde compradores y vendedores se están uniendo como yelp, pinterest, airbnb uber y más. El reconocimiento de la marca sigue siendo muy importante.

Reuniones Virtuales

Las reuniones virtuales y las clases en línea están adiestrando una generación nueva. Reuniones virtuales e híbridas es la tendencia para el presente. Si bien existen muchas plataformas para reuniones virtuales. Zoom y Teams parecen ser el más popular y fáciles de usar.

Comentarios en Línea

Es más fácil que nunca percibir las impresiones de nuestros consumidores utilizando redes como Tripadvisor, Surveymonkey, Medallia y muchos más. Los resultados se puede utilizar para informar los departamentos de operaciones de su rendimiento. Los métodos de analizar data sigue mejorando. Las empresas pueden identificar más tendencias en los mercados. Estas herramientas son especialmente útiles analizando encuestas sobre las experiencias de nuestros clientes o seguir conversaciones públicas a través de etiquetas ("hashtags").

Dispositivos Nuevos

Además, se están creando nuevos dispositivos que son accesibles para las pequeñas empresas. Las impresoras 3D, los cortadores 3D, los drones y otras herramientas permiten a los pequeños empresarios crear productos profesionales.

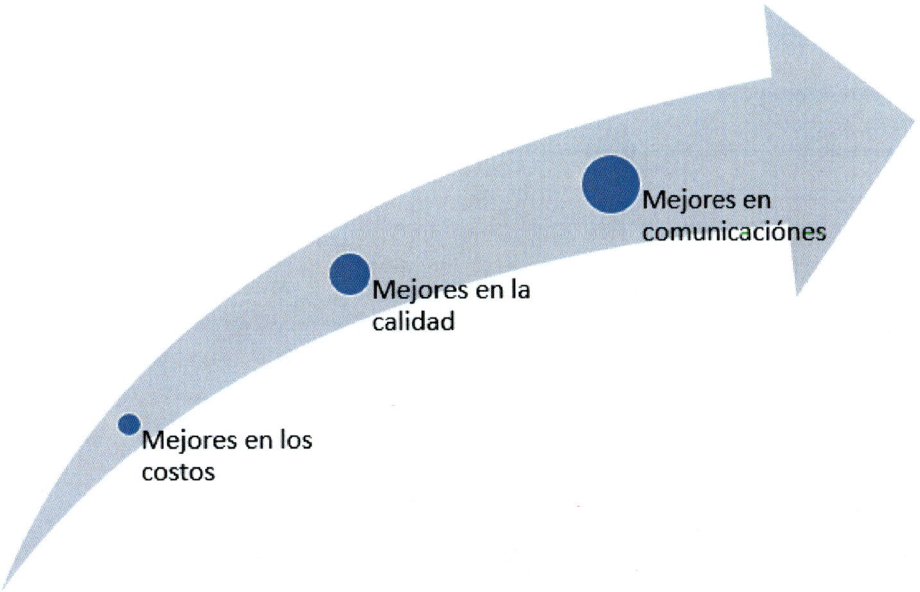

PREGUNTAS

El modelo económico que usaremos para rastrear los cambios en la tecnología tiene 3 partes. Examinaremos tecnologías que reduzcan nuestros costos. Observaremos los cambios en la tecnología que están mejorando nuestra calidad. También deberíamos buscar mejoras en las comunicaciones. El campo de las comunicaciones está creciendo. En particular, las tecnologías que nos permiten recibir comentarios de nuestros clientes y crear experiencias interactivas. Existen tantos medios de comunicaciones que es retante lograr captar la atencion de los clientes. Hay que ser innovadora utilizando muchos canales de media, conocer las páginas de web más populares y desarollar una base de datos de clientes vigente. Revisan las preguntas abajo para explorar oportunidades para tu negocio.

APLICACIONES

¿Cómo los dispositivos nuevos pueden ayudarte a reducir los costos de la operación?

METODOS DE PRODUCCION NUEVOS

¿Cómo los aplicaciones nuevas de software pueden mejorar la calidad de sus productos y servicios?

COMUNICACIONES

¿Cómo los medios nuevos pueden mejorar su comunicación con clientes, suplidores, y empleados?

TENDENCIAS CULTURALES

Influencias

Las personas influyentes son personas clave que han logrado una buena reputación y han desarrollado una base de seguidores. Estas personas se consideran expertos o figura de autoridad. Muchas veces las personas influyentes obtienen su estatus porque son amados por el público. Ejemplos de este tipo de influencers son los artistas y los deportistas. Estas personas pueden influir en las decisiones de los compradores. El endoso de un persona influyente puede tener un gran efecto en el público.

Generaciónes

¿Cómo podemos saber con certeza cuáles son los cambios culturales que están moviendo el mercado? Quizá las influencias que debemos tener en cuenta dependan de la generación de nuestro mercado objetivo. Cuando pensamos en la cultura, ¿podemos pensar en ella a través del punto de vista único de las generaciones? ¿Qué define la cultura? Sugeriría que las comidas, la música, el arte, el cine, los deportes y los movimientos sociales componen la cultura de cada generación. Ten esto en cuenta cuando observes las influencias culturales que afectarán a tu industria. El influencer que selecciones como portavoz debe coincidir con la generación cultural de tu mercado objetivo.

- La Depresión y Guerras Mundiales 1912-1945
- Baby Boomers 1946-1965
- Generación X 1966-1976
- Generación Y 1977-1980
- Millennials 1981-1996
-Generacion Z 1997- 2005
Generacion Alpha 2006 -

Movimientos

Considera los principales movimientos culturales que han tenido lugar en los últimos tiempos. Estas fueron las ideas que movieron a millones a actuar. ¿Cuál fue el mensaje central que resonó con tantos? Los movimientos reflejan algunas de las identidades culturales y pensamientos del momento.

- LGTBQ+
- Occupy Wallstreet
- Black Lives Matters
- La Cuarentena de 2020

Ahora es el momento de pensar en nuestros clientes. Queremos respetar su punto de vista cultural. Necesitamos entender las circunstancias que les afectan. Circunstancias como su punto de vista histórica, influencias culturales, creencias y las características de su generación. Cuando escuchamos y respetamos a nuestros clientes podemos entender las necesidades que existen y encontrar las oportunidades para ofrecer los servicios y productos requeridos en el mercado. Podemos construir relaciones buenas con nuestros clientes.

GENERACIÓN

¿Cuál es la generación de su cliente ?

MOVIMIENTOS

¿Los movimientos sociales recientes influyen en las opiniones de sus clientes?

COSTUMBRES

¿Podrían los cambios culturales y las preferencias hacer obsoleta alguna parte de su negocio, si no se adapta?

Océanos

- La temperatura del océano ha aumentado.
- El nivel del mar está subiendo
- El océano se está volviendo más ácido
- Las infecciones bacterianas han aumentado debido a las temperaturas cálidas

Tormentas

- Huracanes intensificados
- La marejada ciclónica destructiva afectará las viviendas y la infraestructura costera.
- Las carreteras y los puertos son vulnerables a fuertes tormentas
- Aumentas en las primas de seguros

Temperaturas

- Las altas temperaturas pueden causar un golpe de calor, deshidratación y afectar el sistema cardiovascular y nervioso de las personas.
- Los niños, los ancianos y los pobres pueden ser especialmente vulnerables.
- La frecuencia de noches cálidas ha aumentado.

Agua

- Los ríos son vulnerables a las inundaciones durante las tormentas.
- Se espera que aumenten las inundaciones tierra adentro, esta agua se drena más lentamente que las inundaciones en la costa
- Las sequías pueden ser comunes, ya que el aumento de las temperaturas hace que el agua se evapore más rápido.

Agricultura

- Las sequías serán frecuentes si no se mejora la gestión del agua. Las sequías pueden afectar la economía.
- El calentamiento también puede afectar la capacidad de los ríos para retener oxígeno. Esto puede afectar la vida silvestre en los sistemas de agua dulce.
- Las temperaturas altas pueden afectar al ganado, cultivos comunes como el plátano, y el café.

Data obtained by the United States Environmental Protection Agency

AMBIENTAL

Los ambientalistas están abogando por la desinversión de combustibles fósiles y la transición a nuevas fuentes de energía. Este cambio vendrá con la oportunidad de nuevos trabajos de alta tecnología. La instalación de molinos de viento y paneles solares es un buen trabajo en un mercado creciente. El paso gradual de los combustibles fósiles a otras fuentes de energía cambiará el panorama empresarial energético. Esta industria ha estado controlada durante mucho tiempo por unos pocos actores y el cambio a una economía verde trae consigo la idea de democratizar la energía en nuestras comunidades. Conceptos como micro-grids pueden ofrecer una solución innovadora y eco-amigable.

Hay una serie de problemas ambientales que pueden afectar nuestros negocios. Nuestro objetivo es anticiparnos a los eventos, no simplemente reaccionar cuando los eventos suceden. Tomemos un momento para analizar realmente lo que está sucediendo en el medio ambiente y cómo puede afectar nuestro plan para el futuro. Proporciona información de la Agencia de Protección Ambiental. Lee la tabla y luego completa el ejercicio a continuación.

¿Los cambios climáticos afectarán tu negocio?

¿Los cambios climáticos crearán oportunidades para servir mejor a sus clientes y prepararles?

¿Podrían los cambios y preferencias de sus clientes hacer obsoleta alguna parte de su negocio?

¿Podrían los crisis ambientales afectar interrupciones en los negocios que se realizan?

¿Cómo puedo mitigar el riesgo en anticipación a estos cambios climáticos?

LEYES Y POLITICAS

Para nuestro análisis de los factores políticos que pueden afectar nuestro negocio, podemos limitar nuestro enfoque en dos actividades: incentivos y regulaciones. Primero analicemos las acciones recientes del gobierno y luego veamos cómo nos afecta individualmente.

En lo que respecta a los incentivos que proporciona el gobierno, se incluyen créditos fiscales, deducciones y exenciones. También otorgan subvenciones y financian programas de incubadoras de empresas para empresas emergentes. Existe una relación tiempo-beneficio para solicitar asistencia del gobierno y debes considerar cuidadosamente cuánto tiempo deseas dedicar a esto, en oposición a actividades más productivos cómo lograr clientes y ventas. Ponerse frente a tu cliente es mucho más productivo que solicitar asistencia gubernamental. Sin embargo, hay cierta información que debes conocer y que puede aumentar tu rentabilidad.

El gobierno puede reducir su obligación tributaria de tres formas comunes. Cada uno se calcula de forma un poco diferente. El gobierno ofrece estas herramientas financieras para incentivar a los ciudadanos a realizar ciertas actividades como obtener educación, invertir en sus empresas y ahorrar dinero para la jubilación. Vale la pena conocer los incentivos fiscales disponibles y revisar definiciones importantes. Pueda reducir su obligación de impuestos.

Subvenciónes

Las subvenciones son premios de dinero otorgados por el gobierno federal o por fundaciones sin fines de lucro. Son mejores que los préstamos, ya que no es necesario devolver el dinero. Sin embargo, las subvenciones pueden gravarse como parte de la renta imponible. Puede encontrar más información en línea en www.grants.gov

Créditos Fiscales

Reducen directamente la cantidad de impuestos que pagas. Con un crédito fiscal, una cantidad específica en dólares reduce tu obligación.

Deducciónes Fiscales

Reducen la cantidad de ingresos gravables. Tu tasa permanece igual, pero la cantidad de tu obligación se calcula sobre una cantidad de ingresos más pequeña.

Exenciónes de Impuestos

Monto fijo que se aplica a tu obligación tributaria para reducir o eliminar el monto de impuestos que debe. Por ejemplo, una propiedad paga impuestos en el valor de la casa. El exencion reduce el valor imponible, reduciendo la obligacion tributario.

CONTINUAREMOS FORTALECIENDO

La automatización y la inteligencia artificial es en el horizonte. Es más importante que nunca implementar políticas públicas que preparen la sociedad para el futuro. La educación y adiestramiento deben ser la prioridad, de lo contrario será cada vez más difícil cuidar al público. Las ideas de la Era Industrial como trabajos seguros, con pensiones pueden no ser disponibles para millones de personas. A medida que avanzamos hacia la Era de la Información, dejemos atrás conceptos viejos. Adopta nuevas ideas que valoren el trabajo intelectual y creativo y aprovechan de los reducciones en costos por los avances en tecnología. La responsabilidad de proveer una educacion avanzada es imperativa. Programas de educación son importante para las sociedades.

PRÁCTICA

ANALIZAMOS LOS ESFUERZOS POLÍTICOS

IMPACTOS POSITIVOS	IMPACTOS NEGATIVOS	OPORTUNIDADES
¿Cuáles son los últimos desarrollos en el panorama político que están dando forma a tu industria? ¿Cuáles serán los efectos de estos cambios? ▼	¿Qué efecto podría tener en los negocios de mis clientes? Están manejando los recursos públicos de manera correcta? ▼	¿Qué incentivos, regulaciones o legislación están beneficiando tu industria y cómo? ▼

RESUMEN FINAL

¿Puedes detectar los cambios que están ocurriendo en la sociedad y pensar cuales serán los efectos? Nuestra meta es identificar una serie de eventos, y estar preparado para posibles escenarios. Cuando identificamos una serie de eventos, es recomendable entender la historia de estos eventos, para adaptarse rápidamente. Piensa en los panoramas de nuestra sociedad: socio-cultural, político, tecnológico, ambiental y económico. ¿Cómo afectará el mercado en los próximos años, y donde será su nicho?

Económico ¿Cuáles son los eventos que están sucediendo hoy que afectarán la economía?

Cultural ¿Cuáles son los personas influyentes que afectarán las tendencias en la cultura?

Tecnología ¿Cuáles son los aplicaciones y dispositivos nuevos que afectarán su industria?

Ambiente ¿Cuál es el pronostico para cambios climáticos, y como puedes preparar?

Leyes y Politicas ¿Cuáles son las decisiones del gobierno que afecta la economía?

ES BUENO TENER UNA COMPETENCIA VÁLIDA

TE INCITA A HACERLO MEJOR

-Gianni Versace

Estos son ejercicios sobre el entorno competitivo. Los ayudarán a evaluar su posición en el mercado. Relacionando a su competencia mediante criterios de precio, calidad, servicio, capacidad y distribución. Luego utilizaremos estos resultados para escoger precios, desarrollar el mensaje e imagen de nuestra marca de una forma y modo que complemente nuestra posición.

Tomando estas decisiones estratégicas podemos asegurar que nuestra oferta es distinta a la de nuestros competidores. Además, estos ejercicios ayudarán a definir el perfil de nuestros clientes. Parte integral de este método es definir a un grupo de los competidores más cercanos. Todos los empresarios deben monitorear la oferta, la demanda, las promociones y los precios ofrecidos dentro del grupo competitivo.

AL ANALIZAR NUESTRO PANORAMA COMPETITIVO, PODREMOS DESCUBRIR ÁREAS DE OPORTUNIDAD QUE NO ESTÁN SIENDO SUFICIENTEMENTE ATENDIDAS POR OTROS.

Luego de observar las tendencias en el mercado, podemos reducir la escala y observar las tendencias en nuestro entorno competitivo. Es importante entender que nuestra percepción sobre precios y valor son influenciado por nuestro punto de vista personal y no necesariamente por los precios del mercado. Usamos los calculaciones para asegurar que nuestra oferta es atractiva.

VALORACIÓN DE MERCADO

Vamos a analizar la valoración y precios en el mercado con un ejemplo sencillo. Las tarifas para conciertos varían mucho. Un promotor puede presumir que sus clientes solo pagará $15.00 por un boleto. Sin embargo, cuando analizamos las tarifas vigentes para conciertos parecidos, vemos que los clientes están dispuestos a pagar $150.00 y más por un boleto para un concierto. Si crees que tus clientes tienen poco dinero para gastar, puede ser que estés devaluando el producto. Esto podría confundir a tus clientes y podría crear falta de confianza en el valor de tu producto. Además, si no tienes el precio correcto esto podría sobrecargar a tus empleados y destruir equipo e instalaciones en el proceso. Los productos y servicios con precios por debajo de su valor en el mercado podrían sufrir pérdidas en ingresos y calidad.

Una forma efectiva de evaluar el precio de sus productos y servicios en el mercado es seleccionar a un grupo de competidores y revisar sus ofertas con frecuencia. No tenemos que igualar precios, pero necesitamos saber los cambios que ocurren en nuestro grupo competitivo. Si podemos medir cuál es el porcentaje de los clientes que estamos sirviendo dentro de todos los clientes potenciales en nuestros mercado podremos adaptarnos rápidamente a los cambios de oferta y demanda y así maximizar nuestros recursos y esfuerzos.

LA DECISIÓN DE ELEGIR UNA POSICIÓN FIRME EN EL MERCADO HARÁ QUE TUS DECISIONES SOBRE PRECIO, CALIDAD, SERVICIO, MARCA Y DISTRIBUCIÓN SEAN MÁS ESTRATÉGICAS.

Como empresarios, la información que nos ayudará es entender el tamaño de nuestros mercado y también la oferta y demanda local para nuestro producto o servicio. Por ejemplo, las asociaciones de turismo frecuentemente reportan sobre el número de turistas que visitan un destino. Con esta información, los hoteles pueden estimar la demanda para habitaciones durante todo el año.

Si un empresario desea saber su porción en el mercado puede comparar la información de ventas contra las estadísticas de su industria. Esta información normalmente está disponible con las asociaciones de su industria. Si logras obtener esta información se facilita calcular unos precios que nos permitan maximizar los recursos de la compañía, invertir inteligentemente y administrar de manera eficiente.

Hay una relación directa entre calidad y precio. Buscamos oportunidades disponibles para diferenciarnos de nuestra competencia, ya sea por precio, calidades, servicio o marca. Esto define tu posicion estratégica. Vamos a mirar un ejemplo común: en la industria hotelera existen 7 categorías de hoteles; estas categorías varían entre hoteles de lujo, hasta moteles económicos. Hay hoteles buenos en todas las categorías y sirven diferente clientela. Igual de interpretar los precios, vamos a interpretar nuestra posicion de valor entre nuestra entorno competitivo para servir nuestro segmento de mercado.

EJERCICIO

¡OJO!

Mientras buscamos estrategias para maximizar nuestros esfuerzos y recursos, no debemos olvidarnos de la ética. Es ilegal fijar los precios con la colaboración de su competencia. Además, es ilegal subir los precios en momentos de crisis. Practicamos la ética buena cuando tomamos decisiones sobre precios para mantener la confianza de nuestros clientes.

SELECCIONA UN GRUPO COMPETITIVO

Escoge 5 empresas que representan tu competencia directa. Estas compañías deben estar en tu categoría de precio y servicios y ofrecer un producto similar en calidad. Si es una empresa de servicio, las empresas deben tener las mismas amenidades disponibles.

1

2

3

4

5

TABLA DE DATOS

Investiga las compañías y orientate en su oferta. ¿Describir las cualidades de su producto? Luego llena la tabla siguiente con sus datos en relación a sus precios, oferta, disponibilidad y mercado meta.

	COMPETITOR 1	COMPETITOR 2	COMPETITOR 3	COMPETITOR 4	COMPETITOR 5
Precio					
Capacidad					
Oferta					
Perfil de Cliente					

☐ **1.** ¿Cuáles son los puntos fuertes de la oferta de tu competidor?

☐ **2.** ¿Cuáles son las debilidades de la oferta de tu competidor?

☐ **3.** ¿Se les acaba tu producto o (para negocios de servicio) se quedan sin espacio en su establecimiento de vez en cuando? ¿Cuales acciones tomarás si esto ocurre?

POSICIÓN ESTRATÉGICA

☐ **4. MATRIX DE POSICION ESTRATÉGICO**

En este ejercicio, tomaremos los resultados de la tabla y marcaremos los puntos en una gráfica. Esto nos mostrará dónde está nuestra oferta de valor. También puede mostrarle dónde hay mercados desatendidos. Por último, puede mostrarle si tiene una posición débil o fuerte en el mercado en relación con los competidores y si es necesario tomar medidas para reposicionar tu oferta.

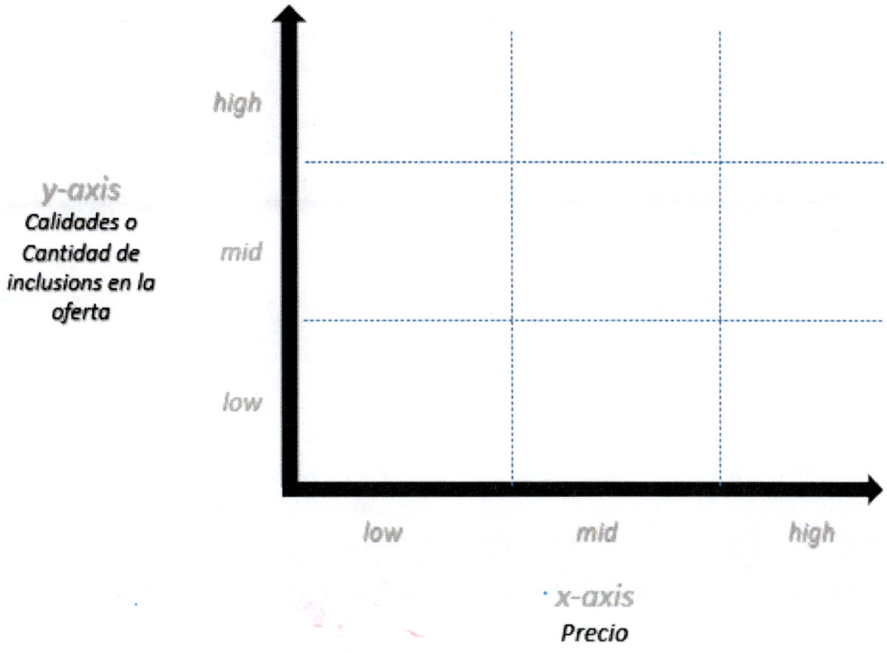

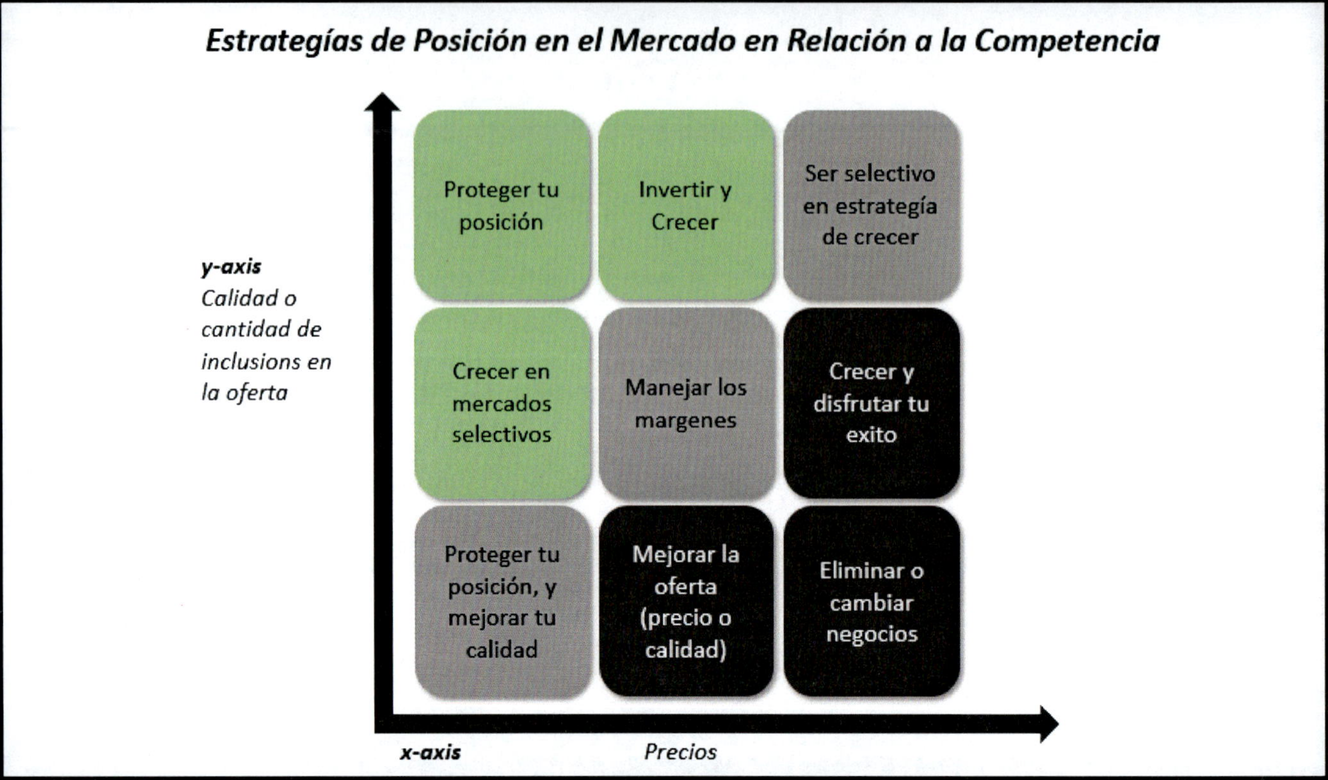

https://expertprogrammanagement.com/2018/03/ge-mckinsey-matrix/

RESULTADOS

¿Cómo se compara su precio y oferta con la de la competencia?

¿Hay un grupo de clientes atractivo que esté desatendida?

¿Mi posición coincide con la marca que estoy creando?

¿Cuál sería la percepción de su cliente basado en los resultados?

¿Mi precio y la oferta de valor es suficiente distinto de la oferta de mi competidor?

Una Mirada a Nuestras Población

La pregunta más importante para nuestros negocios es: ¿A quién ofrecemos nuestros servicios? Para estos ejercicios necesitamos responder dos preguntas importantes:

- ¿Cuál es mi mercado?
- ¿Cuál segmento de este mercado voy atender?

Estas preguntas son de vital importancia, porque en los negocios siempre debemos concentrarnos en el cliente. Es hora de mirar profundamente. ¿Quiénes son las personas a las cuales servimos?, ¿Cuáles son sus deseos, sus pasiones, inquietudes, y luchas? ¿Cuáles son sus metas y cuales son los problemas que están impidiendo que se logren? Queremos saber dónde se encuentran en este momento en sus vidas , cuáles son sus prioridades y cómo podremos crear valor para ellos.

PERFIL DE TU CLIENTE

En este capítulo analizaremos las distintas poblaciones a través de herramientas demográficas. Observaremos sus hogares y contemplaremos qué es lo que necesitan las personas solteras vs. las casadas. Que necesitan las familias que viven juntas o que viven separadas. Analizaremos los grupos en base a la edad y entenderemos sus necesidades. ¿Cómo agregamos comodidad a la vida de estas personas y a su vez creamos valor para ellas? ¿Cómo podremos anticipar sus necesidades?

Entenderemos cómo el nivel socioeconómico de las personas afecta a sus decisiones de compra y brindaremos soluciones que sean apropiadas para la población a la que servimos. En este proceso comprenderemos mejor quién es nuestro cliente, qué los motiva y cuáles son las mejores formas de atenderles.

DEMOGRAFÍA

Geográfico

De donde vienen nuestros clientes. La mayoría de las empresas analizan un radio de 3 millas desde su ubicación. Las organizaciones de turismo suelen elegir ciudades con vuelos directos al. Los minoristas en línea buscarán mercados que sean culturalmente similares a su mercado actual.

Demografía

Tratamos de comprender a nuestros clientes revisando sus datos demográficos:

- Edad
- Género
- Ingresos
- Educación
- Tamaño de la familia
- Ciclo familiar
- Ocupaciones

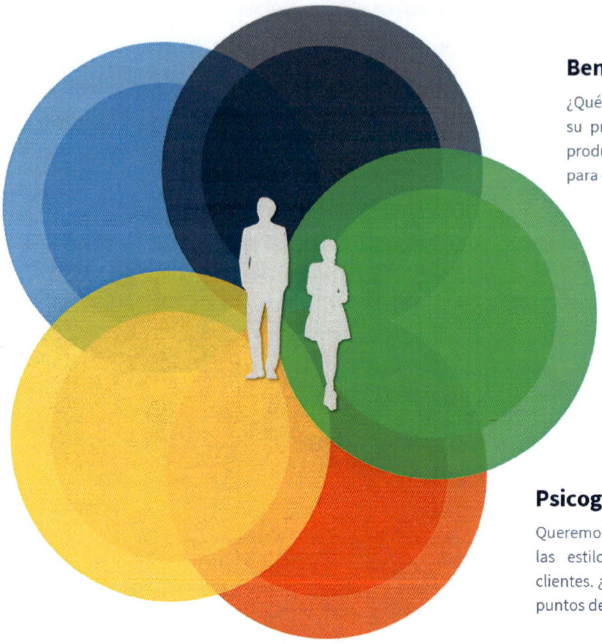

Beneficios buscados

¿Qué están tratando de lograr con su producto? ¿Cómo utilizarán su producto? ¿Por qué es importante para ellos?

Comportamiento

Comprender el comportamiento de sus clientes tiene que ver con comprender sus rutinas. ¿Con qué frecuencia necesitan sus servicios y qué sucede con su rutina que les hace necesitar sus servicios?

Psicografía

Queremos comprender cuáles son las estilos de vida de nuestros clientes. ¿Cuáles son sus intereses y puntos de vista?

¿CUÁLES SON LOS SIGUIENTES PASOS?

Reune a tu equipo para un ejercicio productivo y analiza los principales perfiles de los clientes de tu empresa. Luego compara los resultados con los datos de las ventas. ¿Qué perfil de cliente representa las mayores oportunidades para el crecimiento de tu empresa? Con esta información podrás desarrollar los perfiles de los clientes que se utilizarán para sus campañas de mercadeo.

Necesitamos tener en cuenta algunos otros elementos al seleccionar nuestro mercado objetivo. Debemos asegurarnos de que nuestro mercado sea lo suficientemente grande como para que podamos ser rentables. Si el tamaño del mercado es tan pequeño que no podemos cubrir nuestros costos e inversiones nunca tendremos éxito. También queremos ver si nuestro mercado está creciendo. ¿Hay más personas que adoptaran este producto o servicio por primera vez? ¿Se están mudando nuevas personas al área? Si el mercado ya está saturado de competidores, puede ser difícil para una empresa emergente ganar su participación del mercado. También debemos analizar honestamente lo que piden nuestros clientes y si tenemos los recursos para proporcionar realmente lo que esperan.

Queremos comprender a nuestros clientes lo suficientemente como para poder hacer pronósticos sobre el tipo de demanda que podemos esperar. Para hacerlo, necesitamos datos del tamaño del mercado para nuestros productos y servicios. Podremos encontrar esta información con estudios de mercado, datos del gobierno y datos de ventas. También necesitamos conocer los motivadores de las personas. Qué los hace clientes leales, qué los hace probar con otro competidor y qué los hace comprar una vez y nunca regresar. Si podemos comprender estos factores, podremos predecir mejor la demanda potencial de nuestros productos y servicios. Podremos trabajar hacia un mayor éxito.

SEGMENTACIÓN

Cuando hablamos de elegir un segmento de mercado para tus campañas de mercadeo digital, no estamos hablando de incurrir en un acto racista o discriminatorio. El proceso de segmentación es un intento de comprender mejor quiénes son sus clientes y dónde están para que su mensaje pueda llegarles cuando más necesitan sus productos y servicios. Las herramientas de mercadeo (ej. filteros) en línea creadas por grandes empresas como Google y Facebook le permiten crear campañas bien dirigidas para su segmento de clientes. Cuando diseñas una campaña que está enfocada a un perfil de cliente específico, los resultados normalmente son muchos mejores. Es normal de tener más de un perfil de cliente. Enfoque en el perfil de cliente para su proxímo campaña para el proposito de este ejercisio.

Dentro de cada circulo escribe la descripcion que mejor depicta el perfil de tu cliente

Geográfia

Estilo de Vida

Beneficios Buscados

Demográfia

Comportamiento

NECESIDADES DEL CONSUMIDOR

La gráfica abajo es un análisis de la psicología del comprador, el cual está está influenciado por el trabajo de un famoso psicólogo llamado Abraham Maslow. Dicho análisis se publicó por primera vez en 1943, exponiendo que, según la teoría del psicólogo, las personas tienen necesidades básicas y hasta que no satisfagan dichas necesidades, no pueden ascender a necesidades de mayor calidad. Utilizando la teoría de la jerarquía de necesidades de Maslow, podemos presumir algunas de las prioridades de las personas en función de su realidad socioeconómica. Esta información es importante, porque tenemos que reconocer cuál es la situación de las personas y ofrecerles las soluciones adecuadas para ellos.

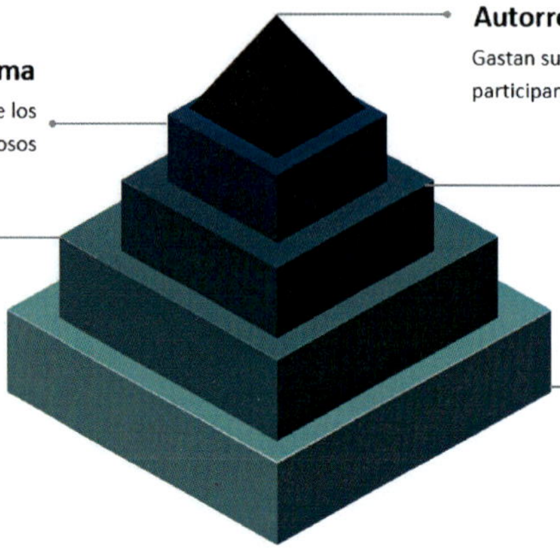

Toma un momento para escribir notas sobre tu perfil de cliente

1 ¿Por qué los clientes necesitan tu producto? ¿Cuál sería el resultado final?

2 ¿Cuáles son los factores emocionales que provocan la necesidad de tu cliente a actuar?

3 ¿Cuáles son las circunstancias que hacen que nuestro cliente repita su compra?

4 ¿Qué tendríamos que satisfacer de nuestro cliente para asegurarnos de que continúen comparándonos?

5 ¿Cuál es tu plan para conseguir una lista de clientes con la información para contactarles?

¿QUIÉNES SOMOS EN EL MERCADO EN TÉRMINOS DE PRECIO, CALIDAD Y DIFERENCIA?

¿QUIÉNES NO SOMOS EN EL MERCADO?

¿QUIÉNES SON NUESTROS CLIENTES?

¿QUIÉNES NO SON NUESTROS CLIENTES?

HERRAMIENTAS COMO SWOT

DEJA ENTRAR EN LA CONCIENCIA UNA SERIE DE FACTORES: FÁCIL, PRÁCTICO, OBVIO....

-Albert Humphrey

Un análisis SWOT requiere desarrollar nuestra intuición. SWOT significa fortalezas, debilidades, oportunidades y amenazas (SWOT en inglés). Este análisis nos proporciona un modelo para prever cosas que podrían tener un efecto tanto positivo como negativo en nuestro negocio. Nos ayuda a evaluar las oportunidades disponibles para nosotros. Nos ayuda a mitigar los riesgos y, cuando es necesario, liderar los empleados.

El análisis SWOT es una práctica usada por los ejecutivos donde se puede conducir este análisis ocasionalmente para mantener la estrategia optima. Se debe realizar un análisis SWOT por lo menos una vez al año.

Las primeras dos características, fuerza y debilidad, nos harán mirar hacia dentro en la capacidad de nuestra operación, el talento en nuestra organización, así como nuestra oferta en el mercado.

ESTA PRÁCTICA NOS AYUDA A REFINAR NUESTRA INTUICIÓN, ANTICIPAR LAS COSAS QUE PUEDAN SUCEDER Y TENER UNA RESPUESTA PREPARADA

Las últimas características, oportunidades y amenazas, nos animan a mirar fuera de nuestra organización. Miramos las oportunidades. Una empresa puede discutir las propuestas pendientes, el tiempo de realizar los proyectos, los recursos necesarios y las ganancias. Luego la empresa toma la decisión de cuales son las mejores oportunidades para trabajar.

Analizando las amenazas nos ayuda a desarrollar un plan en caso de emergencia. Luego, comunicamos ese plan a nuestros empleados. Esta práctica nos ayuda a estar preparados y a tener un consenso sobre cuál será el camino a seguir en momentos de crisis.

STRENGTHS

S

FORTALEZAS

Las fortalezas deben ser parte de tu argumento de venta. Debes estar listo para enumerar estas fortalezas inmediatamente cuando hables con los clientes.

WEAKNESSES

W

DEBILIDADES

Conoce bien las debilidades de tu empresa porque es posible que tus clientes ya las conozcan y lo mencionarán en medio de tu presentación de ventas. Echa un vistazo honesto a tus puntos débiles en relación con tus competidores y, en base a esto, forma una repuesta buena.

OPPORTUNITIES

O

OPORTUNIDADES

Al revisar las oportunidades que existen en el mercado, podemos escoger las mejores para seguir usando bien nuestro tiempo, recursos y empleados. Cuáles son los proyectos que rápidamente producen resultados e ingresos.

THREATS

T

AMENAZAS

¿Cuáles son las condiciones de amenazas que pueden afectar nuestro negocio? Necesitamos comprender los riesgos y estar listos para adaptarnos. Escoge una amenaza y contempla cuales serián los efectos si esta amenaza ocurríera.

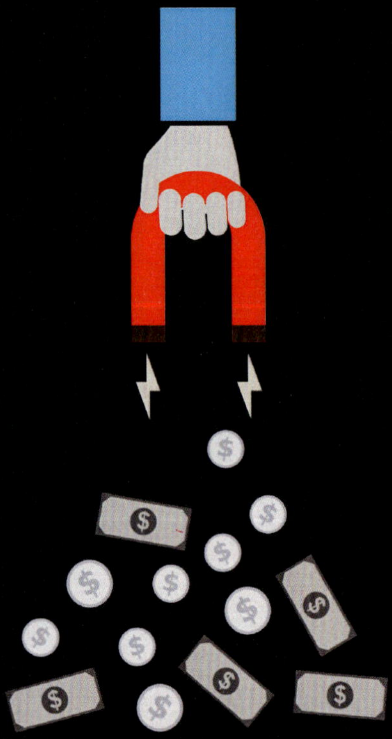

LA MEJOR MANERA

DE PREDECIR TU FUTURO ES CREARLO

- *Abraham Lincoln*

Hasta ahora hemos analizado las tendencias económicas, nuestro entorno competitivo, la posición de nuestras empresas y el punto de vista único de nuestros clientes.

Ahora estamos listos para tomar decisiones y ponerlas en un plan estratégico viable. Estos ejercicios son muy gratificantes porque te permitirán dejar atrás mucha confusión y duda en los negocios y actuar con más confianza. La investigación comenzará a proveer soluciones y podrá comenzar a sentirse seguro sobre el mensaje que desea enviar a su cliente, las iniciativas de mercadeo que utilizará y el trabajo que debe realizar. Lo mejor de todo es que puede desarrollar una estrategia y compartirlo con sus ejecutivos y empleados para brindar a todos en su organización el mismo nivel de claridad.

ES IMPORTANTE COMUNICAR EFECTIVAMENTE LA ESTRATEGIA CON LOS INTERSADOS COMO EMPLEADOS, GERENTES, E INVERSIONISTAS

Cuando miramos los productos que ofrecemos y las estrategias que usaremos en los negocios, hay una serie de escenarios que podemos utilizar. Presentaré algunas de mis herramientas de estrategia favoritas incluyendo: Portfolio de Productos, Ciclos de productos, Matrix de Ansoff. A medida que revisamos estas estrategias comerciales, es de esperar que se vuelva cada vez más claro que no podemos simplemente crear un concepto comercial y luego hacer que nuestra oferta sea estática. Muchas pequeñas empresas crean un concepto de negocio y cuando los mercados cambian de dirección, se involucran en descuentos y tácticas de ventas desesperadas que poco a poco se vuelven menos relevantes. Los ingresos de estas empresas sangran lentamente hasta que finalmente cierran sus puertas. Esto puede deberse a una falta de planificación estratégica a largo plazo que incluya la adaptación del producto y la evaluación de los resultados. Con la planificación, ideas innovadoras y evaluando los resultados prosperar. Echemos un vistazo a nuestro producto y veamos si estamos preparados para el éxito.

PORTFOLIO DE PRODUCTOS

Podemos maximizar los esfuerzos de nuestra organización al tener algunos productos adicionales disponibles para nuestros clientes. Estos productos están diseñados de manera que brinden más opciones a nuestros clientes y maximizen la eficiencia de la organización. El producto más importante que una empresa ofrece a sus clientes es su producto principal. Este es el producto más conocido y la principal razón por la que los clientes buscan la empresa; sin embargo, tener una cartera de productos que incluyan más opciones que respalden el producto original (como servicio, entrega, garantía, financiamiento, e instalación). Además existen "productos de mejora" que se utilizan para vender o crear valor adicional. En ingles, se llama "up-sell". Por ejemplo cuando ofrecen una suite en un hotel en vez de una habitación básica. Finalmente, la oferta de paquete que incluye varios productos a un precio atractivo. La idea es un paquete que ofrezca una tarifa más económica que si el cliente hubiera comprado los productos por separado. Tener esta variedad de productos no solo crea valor para el cliente, brinda flexibilidad en los precios. Una cartera de productos ayuda a aumentar los ingresos por cliente y nos permite presentar nuevas soluciones de productos en un mercado de cambio constante. Tener una cartera de productos diversifica el riesgo y nos coloca en una mejor posición en general.

Otro concepto con el que debemos familiarizarnos es el ciclo de vida del producto. Esta es una teoría de que a medida que evolucionan los mercados, los productos exitosos se enfrentarán a una competencia cada vez mayor de otras empresas. A medida que los mercados se vuelven más competitivos, los productos se modifican para ser más atractivos para los consumidores. Esto crea adaptaciones y los productos sin evolucionar pueden volverse obsoletos Las tendencias de estilo y las modificaciones inundan el mercado. La teoría de los ciclos de productos es que hay un período introductorio que se caracteriza por presentar el producto a los clientes y proporcionar muchas muestras y pruebas a los clientes. Las empresas exitosas comenzarán a convertir a los posibles clientes en clientes de pago y, finalmente, tendrán una base de clientes que les permitirá crecer.

Cuando las empresas están en el ciclo de crecimiento, tanto sus ventas como sus ganancias aumentan rápidamente. En la madurez, los productos mejoran y la empresa aumenta la capacidad de producción; la empresa descubre mayores eficiencias en su operación y reduce costos. El crecimiento de los mercados atraerá a otros competidores al mercado y esto, eventualmente, causará una saturación en el mercado. Cuando esto sucede, los precios comienzan a estabilizarse a medida que aumenta la competencia de precios. Esto puede causar guerras en precios. Cuando la cantidad de ofertas aumenta, la demanda alcanza su punto máximo y los precios se vuelven más fijos.

Las empresas pueden implementar una serie de estrategias para continuar su crecimiento. Esto puede incluir, comprar a la competencia, negociar una alianza o una variedad de otras estrategias, incluida la expansión a diferentes mercados, la modificación del producto o incluso la búsqueda de nuevos usos para el mismo producto. Estas estrategias pueden incrementar el crecimiento de las empresas durante algún tiempo. Eventualmente, a medida que cambian las tendencias del mercado, es posible que un producto deba eliminarse gradualmente. La eliminación progresiva planificada de un producto se denomina desinversión y tiene su propio conjunto de estrategias para salir del mercado con elegancia. La única forma de hacer la jugada correcta es tener un entendimiento estratégico sobre en qué fase se encuentra su industria. Cada fase del ciclo de vida del producto tiene estrategias únicas que puede utilizar en su beneficio para obtener los mejores resultados.

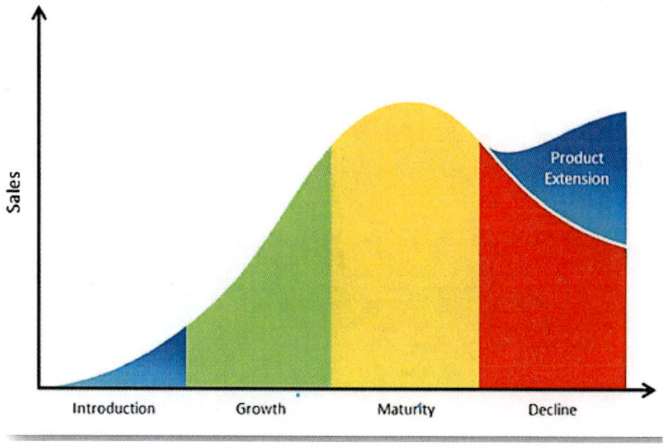

PORTFOLIO DE PRODUCTOS

¿CUÁLES SON TUS PRODUCTOS PRINCIPALES?

¿CUÁLES SON TUS PRODUCTOS DE APOYO?

¿CUÁLES SON TUS PRODUCTOS AUMENTADAS (UPSELLS)?

¿CUÁL ES TU OFERTA DE PAQUETE?

MARGENES Y RENDIMIENTO

En 1968 Boston Consulting Group desarrolló el modelo "Growth Share Matrix" y todavía se utiliza mucho para analizar ofertas de productos hasta decidir cómo asignar recursos. Por ejemplo, se usan mucho para analizar los menus en los restuarantes y adaptar la oferta.

Para lograr un análisis "Growth Share Matrix" necesitamos tener el volumen de ventas de cada producto. Por lo general, puedes obtener esta información de los reportes de la caja registradora. Tambien necesite calcular el margen por unidad.

Una vez que tengamos esta información, podemos añadir los números a nuestros gráfica y comprender. el rendimiento de los productos.

Una vez que hayas representado gráficamente los productos en la matrix, evalúes su rendimiento. Los productos que tienen un alto margen de contribución y un gran volumen se identifican como estrellas.

Las ganancias que se obtengan en esta categoría deben reinvertirse en el mismo producto, con una potencial expansión a nuevos mercados.

Sus productos con altos márgenes de contribución y bajas ventas se consideran tus signos de interrogación.

UN MATRIX ES UNA TABLA QUE DEMUESTRAN LA RELACIÓN ENTRE VARIABLES.

Estos productos representan un alto potencial de crecimiento, pero igualmente deberían estar en el radar para posiblemente ser reemplazados por algo que pueda ganar como un producto estrella.

Sin embargo, debes invertir en ellos con promociones y mejoras potenciales para que tengan éxito. Se consideran las oportunidades interesantes; sin embargo, si no puedes aumentar el volumen a algo adecuado, es posible que debas adaptar el producto o reemplazarlo.

Los productos que tienen un alto volumen y bajos márgenes de contribución se consideran vacas gordas. Estos productos producen bajos ingresos pero puedes utilizar estos ingresos para financiar los esfuerzos promocionales. La categoría final se considera Perros. Estos productos tienen un margen de contribución bajo y un volumen reducido. Estos productos deben considerarse para su eliminación.

Si te interesa hacer este ejercicio busca la información de ventas disponible en sistemas POS (Point of Sales). Un excelente ejemplo de un POS son los sistemas de Micros usado en los restaurantes y hoteles. Este programa capturar toda la información de las ventas con precios y volúmenes.

Matriz Ansoff
https://robertoespinosa.es/2015/05/31/matriz-de-ansoff-estrategias-crecimiento

¿Cuál de mis productos sería un producto cuestionable?

¿Cuál de mis productos sería considerado una estrella?

¿Cuál de mis productos sería un producto con poco rendimiento?

¿Cuál de mis productos sería un producto con rendimiento aceptable?

ESTRATEGIAS DE CRECIMIENTO

Las empresas que buscan como crecer puedan utilizar un modelo que se llama la "Matrix de Ansoff". Este matrix demuestra cuatro formas de impulsar el crecimiento de los negocios. La estrategia más común es vender productos existentes a clientes nuevos, lo que se denomina penetrar el mercado. Esta estrategia puede incluir promocionarse en una zona geográfica nueva. Las empresas deben tener en cuenta las diferencias culturales si expanden a un mercado nuevo. Las empresas que están creciendo en una zona geográfica nueva deben considerar el panorama competitivo y la distribución disponible. Es recomendable conducir pruebas con grupos especificos ("focus groups") para escuchar los comentarios de los consumidores antes de invertir.

Un ejemplo de penetrar el mercado, cuando se adoptaron máscarillas quirúrgicas para el uso diario. Hasta ese momento los fabricantes de estas máscarillas estuvieron sirviendo a los profesionales médicos y a los profesionales de la construcción. Cuando se creó la nueva demanda de máscaras, la empresa estableció relaciones con clientes adicionales que no habían comprado máscaras anteriormente. Este es un ejemplo de penetrar el mercado con clientes nuevos. También es un ejemplo de una estrategia de encontrar propósitos adicionales para productos existentes.

Cuando una empresa puede atraer los clientes de otros competidores, esto se llama ganar participación de mercado ("market share"). Un ejemplo de un mercado saturado donde encuentran esta dinámica es el mercado de telefonía móvil. La mayoría de los adultos tienen servicio de telefonía celular. Sin embargo, ocasionalmente cambian entre empresas. Cuando esto sucede, las empresas obtienen o pierden participación de mercado.

Otra manera buena para aumentar el crecimiento del negocio es vender productos nuevos a clientes existentes. Las empresas pueden decidir de tener un gerente de los productos nuevos que se encargue de estudiar la viabilidad y lanzamiento de los nuevos productos en un mercado existente. Esta estrategia maximiza la distribución establecida y la marca para lanzar nuevos productos. La estrategia puede fortalecer las relaciones con los clientes, al mismo tiempo mejora la rentabilidad.

La estrategia de diversificacion es vendiendo productos nuevos en mercados nuevos. La diversificación puede crear fuentes nuevas de ingresos. Además, ayuda a las empresas minimizar su riesgo cuando demanda y precios fluctúan por razones exteriores. Una empresa decide que la estrategia de diversificación es óptima si los productos nuevos maximicen los activos, contactos y conocimiento de la empresa. En resumen, estas son algunas estrategias para impulsar el crecimiento de una empresa una vez que alcance la madurez.

Matriz de Ansoff

En conclusión, podemos minimizar nuestro riesgo comercial y aumentar nuestras oportunidades cuando ofrecemos un portfolio de productos a clientes existente, y nuevos. Pero estas estrategias requieren un análisis del desempeño de cada producto y mercado. Los mercados están cambiando y nuestras ofertas y productos también deben hacerlo. Usando estas estrategias podemos adaptarnos a los tiempos y encontrar formas innovadoras para crecer nuestros ingresos.

6. DEFINIR TU ESTRATEGIA

MISIÓN

VALORES

METAS

RENDIMIENTO

Ahora tienes suficiente información para formular una declaracion sobre la mision de tu empresa. Esta declaración será una oración o párrafo breve que incluya el objectivo principal de la empresa, sus valores y efecto a las parte interesadas. Tus valores son un conjunto de principios que guían la calidad de tu empresa. Sus partes interesadas son las personas a las que afectarás con tu negocio. Pueden incluir clientes, inversionistas y empleados. También pueden incluir a personas de la comunidad donde operas.

Tomate el tiempo para reflexionar cuales son los valores fundamentales de la empresa. Hemos revisado nuestra posición dentro del mercado y cuál es el valor entre precio y calidad que ofrecemos a nuestros clientes. Hemos analizado nuestras fortalezas, así como nuestras debilidades. Escribe los valores fundamentales de tu empresa a continuación. Estas no son palabras arbitrarias y no deben ser imprecisas. Estas son palabras poderosas que deben proveer orientación. Nos ayudarán para no perder de vista el valor que estamos tratando de ofrecer al largo plazo. A medida que pasa el tiempo, puede resultar fácil adaptar productos y servicios hasta que la empresa sea algo completamente diferente a lo que se propuso. Nuestros valores fundamentales son nuestro recordatorio constante de lo que es importante, el valor que queremos ofrecer y nuestro compromiso con nuestros clientes.

WORKSHEET

¿CUÁL ES LA DECLARACIÓN DE LA MISIÓN DE TU EMPRESA?

¿CUÁLES SON LAS METAS PRINCIPALES DE TU EMPRESA? ABAJO OFRECEMOS EJEMPLOS DE CATEGORIAS DE METAS.

1 FINANCIERA

2 PRIORIDADES

3 EFICIENCIAS

4 PARTICIPACIÓN EN EL MERCADO

5 RECURSOS HUMANOS

6 COMPROMISOS CON LA COMUNIDAD

¿CUÁLES SON LOS VALORES FUNDAMENTALES DE SU EMPRESA? ABAJO OFRECEMOS EJEMPLOS DE CATEGORIAS DE VALORES.

1 CALIDAD

2 SERVICIO

3 COMPROMISO

4 RESPONSABILIDADES

5 CULTURA DE LA COMPAÑIA

REFINANDO ESTRATEGIAS

Para definir nuestra estrategia, ponemos la misión, valores y objetivos al centro de lo que estamos haciendo.Ten en cuenta que un plan estratégico no es una lista de cosas en las que tenemos que trabajar sino objetivos y prioridades que guíen nuestras decisiones. La estrategia, es una visión global de cuáles son los tipos de decisiones que vamos a tomar. Una vez definida, estableceremos nuestras metas. El próximo paso será definir nuestros objetivos y luego decidir las tácticas, acciones comerciales, que nos ayudarán a alcanzar esos objetivos. Nuestras misión, metas, objetivos, tácticas y asignaciones deben estar alineadas. Si no alineamos, los departamentos de empleados tendrán incentivos distintos para poder actuar basados en diferente objetivos. Los resultados pueden resultar en acciones contraproducentes.

¿Cúal etapa del ciclo de vida del producto representa mi industria: Introducción, etapa de crecimiento, madurez o receso?

¿Existen oportunidades de crecer a mercados nuevos, o lanzar un producto nuevo a nuestros clientes existentes?

¿Cuáles de nuestros productos y servicios representan la mejor oportunidad?

INDICADORES DE RENDIMIENTO

Es importante saber cómo medirás tu éxito, incluso antes de hacer un plan de cómo alcanzarás tus metas. Los indicadores de rendimiento definen medidas criticas para el exito de tu misión como empresa. Sabremos dónde se utilizan mejor nuestro tiempo y recursos. La definición de sus indicadores clave de rendimiento debe hacerse lo antes posible, junto con las decisiones sobre cómo recopilará los datos para medir los resultados de tus esfuerzos.

Al medir logros y deficiencias de la empresa, es más fácil comunicar la dirección de la empresa con los compañeros de equipo. No queremos estar en un estado de confusión. Queremos saber, con información objetiva, cuál es la elección correcta de acciones. Tus empleados respetarán más esta claridad explicable, ya que puede ser una forma divertida de involucrar a los empleados en el negocio y, frecuentemente revisar los resultados.

Los empleados pueden beneficiarse de la claridad de comprender lo que la empresa está tratando de lograr y si lo están haciendo bien. Motivará a todos en la organización a luchar por la excelencia. Estas son herramientas que le brindarán una inmensa recompensa por saber exactamente dónde necesitas mejorar, dónde estás sobresaliendo y cómo han cambiado las cosas con el tiempo.

Los Indicadores de rendimiento definen medidas críticas para el éxito de su misión como empresa. Los indicadores se definen como medibles y críticos para el éxito de su misión.

En algunos casos, incluso pueden medir el riesgo y tomar medidas para evitar condiciones desfavorables. Cuando comenzamos a medir los KPI debemos tener en cuenta algunas cosas: los KPI deben ser específicos y medibles con los datos disponibles.

Deben establecer metas que sean realistas de alcanzar. Sin embargo, también deberían ser lo suficientemente agresivos como para que tengamos algo por lo qué esforzarnos durante todo el año. Deben estar directamente alineados con su estrategia y objetivos. Los KPI deben evaluarse dentro de un cierto período de tiempo, generalmente un año, pero monitoreados frecuentemente. La mayoría de las empresas monitorean los resultados cada mes.

Pueden asignar KPI diferentes a diferentes departamentos de una organización. Esta práctica ayuda a aumentar el compromiso y enfocar los esfuerzos de sus equipos. Si una empresa elige KPI que no miden con precisión el éxito hacia un objetivo, tal vez porque no es lo suficientemente específico, o miden el indicador incorrecto, entonces una empresa podría terminar invirtiendo tiempo y recursos en actividades que no le ayudan a alcanzar su objetivo. Para evitar esto, no solo establecemos KPI, sino que definimos por qué usamos esta medida para alcanzar nuestro objetivo.

Cada KPI debe asignarse directamente a un resultado comercial. Esencialmente, para crearlos KPIs necesitará la data relacionada. La data se utiliza para producir nuestros resultados finales. Necesitamos saber cuáles son los resultados deseados. Por ejemplo, la calidad de los alimentos en un restaurante. El proceso sería su calidad de comida y el servicio prestado al cliente. El resultado sería lo que se entrega al cliente. El resultado mide la calidad, la percepción del cliente y, en última instancia, la probabilidad que el cliente volverá.

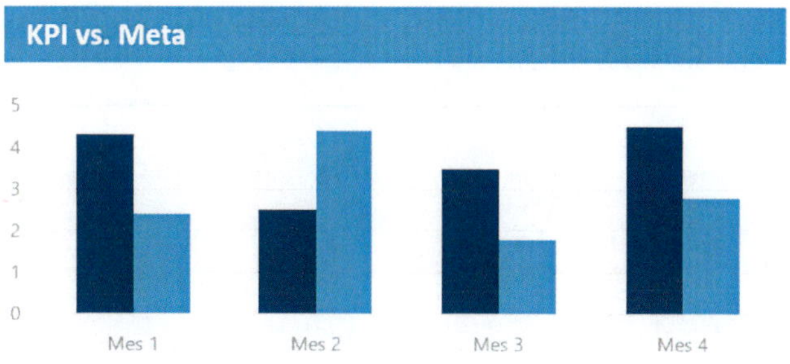

CASO DE ESTUDIO RESTAURANTE ESPAÑOL

Un restaurante español ofrece tapas y vinos a precios moderados. Un almuerzo cuesta entre $ 8.00 - $ 12.00. Las cenas cuestan entre $ 12.00 - $ 25.00. El restaurante ofrece un ambiente íntimo, refinado y agradable para citas románticas y reuniones. El restaurante tiene un salón privado perfecto para celebraciones o reuniones con un sistema audiovisual disponible. En comparación con los restaurantes de la zona, su oferta es competitiva. El dueño diría que sus deficiencias están donde se ubica. No está en la carretera principal y el estacionamiento es limitado. Aparte de eso, el restaurante es competitivo y el salón privado es el único en el área.

La economía ha estado en declive recientemente y el propietario del restaurante está preocupado por el futuro del restaurante; sin embargo, los clientes son leales: viven en la zona. Pero es necesario buscar clientes nuevos para garantizar el exito del negocio. Es muy importante mantener felices a sus clientes existentes y aumentar su base de clientes para tener éxito. El gerente sugiere implementar una encuesta para comprender mejor cómo sus clientes se enteran del restaurante. La gerencia quiere comprender mejor las calificaciones que los clientes consideran al elegir un restaurante para sus celebraciones personales o reuniones de negocios. Los siguientes son los resultados.

Medios de Comunicación	% de clientes que enteraron por el medio
anuncio de periódico	11%
anuncio de radio	6%
referencia	57%
cupón	10%
ver desde la calle	16%

Después de completar la encuesta, la gerencia sintió que entendía mejor cómo los clientes conocían el restaurante. Las referencias son extremadamente importantes para reclutar nuevos clientes. Las otras formas de promoción fueron efectivas, pero definitivamente la mayoría de los clientes vinieron porque se enteraron del restaurante por parte de sus amigos y compañeros de trabajo. Además de saber cómo se enteraron los clientes del restaurante, el propietario quería saber qué pensaban los clientes sobre la calidad de su restaurante. Quería comprender cuáles eran las características más importantes para sus clientes. Lanzaron otra encuesta en una escala de 10 puntos: 1 era para decir que no era importante, 10 significaba muy importante. Revisaron los resultados de la competencia en otras páginas de web como Tripadvisor. Establecieron metas para estar competitivas. Reenvíe los resultados:

Características	Meta	Rendimiento	Diferencia
calidad de comida	6.63	4.5	-2.13
limpieza	6.43	4.37	-2.06
calidad del servicio	6.21	4.36	-1.85
valor por el precio pagado	6.01	4.18	-1.83
puntualidad del servicio	5.64	4.17	-1.47
amabilidad del empleado	5.91	4.46	-1.45
ambiente	5.44	4.11	-1.33
varidad del menu	5.29	4.32	-0.97
conveniencia de la ubicación	5.08	4.23	-0.85

Luego del análisis descubrimos que el factor impactando al restaurante no fue su ubicación ni el estacionamiento; la característica más impactante es la la limpieza. Ese aspecto de anticipar las necesidades y gustos de los clientes no estaban óptimas. Sabemos que el factor más impactante en reclutar clientes nuevos es las referencias. Entonces mejorar la limpieza son las factores más importante para nuestros éxito. Luego del análisis, nos dimos cuenta que nuestro estacionamiento y ubicación no eran los factores más importantes para nuestros éxito.

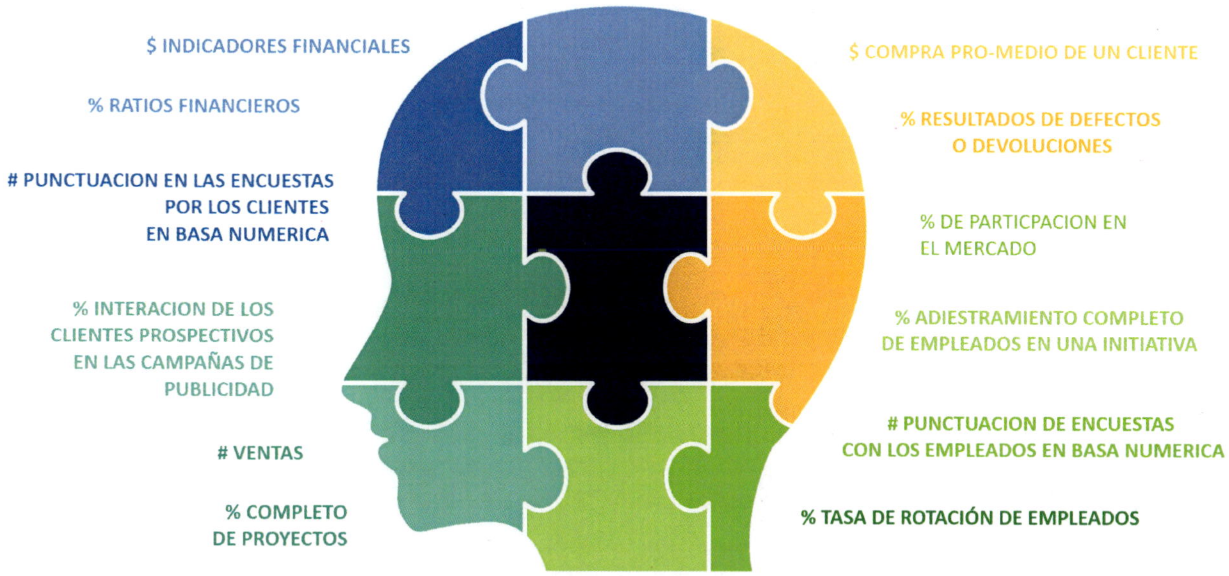

Ahora es un momento de organizar nuestros esfuerzos y planificar para el éxito. La gráfica arriba son ejemplos de "KPIs" ("Key Performance Indicators" por su designación en inglés). Hay muchas medidas que puedan usar, pero la más importante es que los "KPIs" sean cuantificable y que tienes una fuente de data accesible para monitorear el progreso de la empresa. Hay varias otras decisiones que debes contemplar cuando estas implementando los "KPIs". Preguntas como:

- ¿Cuáles son los indicadores que correspondan con las metas de su empresa?
- ¿Cuáles equipos de trabajo seran responsable de reportar los resultados?
- ¿Cuáles departamentos son responsables por los resultados?
- ¿Cuál serán la meta numérica del "KPI"?
- ¿Cuál será el plan para revisar los resultados con su equipo de trabajo?
- ¿Con qué frecuencia lograran este análisis?
- ¿Cómo puedo presentar esta información a mis empleados para que sea divertido y una herramienta de motivación?

1 SATISFACCIÓN DE LOS CLIENTES EN ENCUESTAS

2 RETORNO EN INVERSIÓN

3 GANANCIAS POR UNIDAD

4 TARIFA DIARIA PROMEDIO

5 CUMPLIMIENTO DE ADIESTRAMIENTO

6 TASA DE DEVOLUCIONES

7. ESTRATEGIAS DE PRECIOS

NINGUNA SOCIEDAD PUEDE FLORECER Y SER FELIZ, SI LA MAYOR PARTE DE SUS MIEMBROS SON POBRES Y MISERABLES

-Adam Smith
The Wealth of Nations

Vamos a imaginar por un momento que lanzamos un experimento a través de una isla. En este experimento entrenamos a todas las personas a cómo valorizar sus productos y servicios correctamente. Además de valorizar sus productos y servicios, los empresarios aprenderían a cómo seleccionar los precios basado en demanda, oferta y valor.

EVALUAMOS LOS PRECIOS EN TÉRMINOS DE OFERTA, DEMANDA Y VALOR PARA ASEGURAR QUE CALCULAMOS LOS PRECIOS CORRECTAMENTE

Imagine que un propietario cobra debajo del valor de su producto. Este propietario hace el ejercicio para evaluar el precio de su oferta y se da cuenta de que su precio está muy por debajo del precio del mercado. Si sube el precio puede aumentar sus ingresos y reducir pérdidas sobre equipo, tiempo y recursos. Cobrando más el empresario atiende menos personas, pero no está perdiendo dinero y se puede enfocar en atender a sus clientes con mejor servicio y calidad. Este propietario podría empezar a progresar económicamente y dejar de sufrir de pobreza.

Cuando los negocios sufren bancarrota y salen del mercado la comunidad pierden. Vamos a mirar como podemos calcular los precios para que podemos mantener negocios saludables.

PRECIOS Y VALOR

Vamos a analizar a un empresario que está cobrando por encima del valor del mercado. Si esta empresa podría calcular su valor actualmente en el mercado, podría adaptar su producto a algo más adecuado para su comunidad. Quizá podría diseñar un producto más sencillo, con capacidad de añadir productos y servicios después; o podría discontinuar algunas marcas y traer otras marcas más económicas para sus cliente; e, incluso, podría aumentar el volumen de producción y reducir los costos por unidad. Así aumentará su volumen y sus márgenes.

Me gustaría retarte en pensar sobre los precios y tus percepciones. Nuestra posición económica tiene mucha influencia sobre los precios que establecemos para nuestros servicios. Si nuestro punto de vista es desde una de pobreza, quizá cobramos por debajo del valor de productos y, si nuestra situación es una de riqueza, quizá cobramos muy alto. Pero si evaluamos nuestros productos y servicios correctamente, podemos ofrecer nuestros productos con orgullo. Debemos tener confianza de que estamos cobrando un precio justo y un valor bueno.

CUANDO HABLAMOS DE EQUIDAD, NO PODEMOS SOLUCIONAR LAS DIFERENCIAS DE DESIGUALDAD SIN MIRAR BIEN NUESTROS VALORES.

Si conocemos bien el valor de las coasa, no necesitamos ofendernos cuando piden un descuento. Podemos establecer nuestros precios en el mercade de una forma educada y explicar a nuestros clientes el valor que estamos creando.

EL PROBLEMA CON ESCASEZ

Vamos ahora a mirar el valor que realmente estamos creando. ¿Nuestras actividades, están creando valor para la comunidad, o están creando escasez? Por ejemplo, cuando cobramos por cosas que no tienen costo, como acceso a la playa o río, ¿estamos creando valor en esa transacción? Si un propietario cobra por algo que no tiene costo y no mejora los servicios al cliente en esta transaccion, no es valioso para la empresa, ya que genera escazes monetaria a nuestros clientes y afecta la costo de la vida. Además, cuando cobramos por acceso a mercados estamos creando corrupción en el mercado. Esas son actividades económicas que detiene la economía.

Las actividades que no crean valor, deben ser eliminadas. Cuando cobramos por algo que debe ser libre de costo, estamos aumentando el costo de vida innecesariamente y creando pobreza. Son actividades que restan libertad y las personas que participan en estas actividades, (del sector público o privado) están haciendo daño a la sociedad.

En estos ejemplos podemos ver cómo evaluando correctamente se puede crear más equidad para todos, reducir nuestros costos de vida y aumentar nuestros ingresos mediante trabajos decentes y valiosos.

La estrategia más común para calcular precios es basar los precios en los costos. En esta estrategia, los dueños de negocios calculan sus costos y luego agregan un margen porcentual para sus ingresos. A veces esto hará que las empresas subestimen o sobreestimen sus precios. Hagamos un ejercicio de precios de base a costo para asegurarnos que tenemos los números correctos para luego hacer cálculos más sofisticados. Abajo está una gráfica del cálculo del "Punto de Equilibrio". Debemos estar claros sobre el punto que son nuestros gastos fijos, los variables, los márgenes contributivos y el equilibrio desde donde empezamos a ganar ingresos

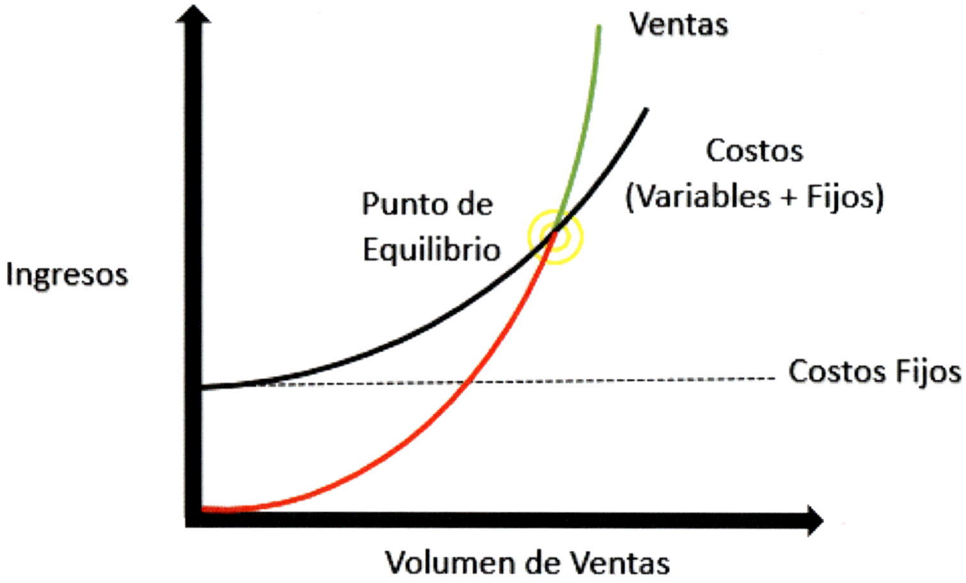

- **Costos Fijos** - Un costo fijo no cambia con un aumento o disminución en la cantidad de servicios o productos vendidos o producidos. Un ejemplo de costo fijo es el alquiler o el seguro. Sus montos que no suelen cambiar de un mes a otro en función del volumen de ventas.
- **Costos Variables** -un costo variable cambia con el aumento o disminución en la cantidad del servicio o productos vendidos. Un ejemplo de costos variables son el costo de los suministros, o costos de los horarios de los empleados.
- **Margen Contributivo** - precio de venta menos el costo variable.
- **Análisis Punto de Equilibrio** - Cuántas unidades necesitas vender para no perder dinero. Este cálculo es sencillo: divide los costos fijos por el margen contributivo para saber el volumen que necesitas vender. (Margen Contrib

$$\text{Punto de Equilibrio} = \frac{\text{costos fijos}}{\text{(precio por unidad-costo variable por unidad)}}$$

¿CONOCES TU PUNTO DE EQUILIBRIO?

¿Cuánto es el volumen de ventas que debes vender todos los meses y cuál es el precio para no perder dinero?

SERIES COMPETITIVAS

Hagamos un ejercicio para verificar el precio del mercado asegurando que estás ofreciendo algo competitivo y valioso. No tienes que replicar los precios de tus competidores, pero debes conocer el precio del mercado y saber cómo calcularlo.

APLICACIÓN

Mira el ejercicio sobre series competitivas en el segundo capítulo. Elije hasta 7 competidores con los productos y la posición de mercados más similares a los tuyos. En el bloque derecho se ubica el precio más relevante.

1

2

3

4

5

6

7

Para obtener un precio de mercado confiable, es posible que deba eliminar a los competidores que son drásticamente diferentes de otros precios de mercado. Una posición inusualmente fuerte de la competencia puede afectar el precio promedio de mercado.

¿Cómo se compara su precio con el precio promedio de sus competidores?

PRECIOS DE RENDIMIENTO

La estrategia de precios de rendimiento se hizo famosa por las aerolíneas en la década de 1980. Calcularon los precios en función de la oferta y la demanda. Esto les ayudó a maximizar las ganancias cuando la demanda era fuerte y a ajustarse a precios más atractivos cuando la demanda era débil. "Revenue Management" es la practica de tener en cuenta la elasticidad de la oferta y la demanda en el mercado. Cada industria es única; sin embargo, en algunas industrias los clientes son más sensibles al precio que en otras. Al familiarizarnos con la oferta de productos y servicios en nuestro mercado, con la demanda basada en datos históricos y los datos de la industria, podemos lograr precios dinámicos y también maximizar las ganancias durante todo el año.

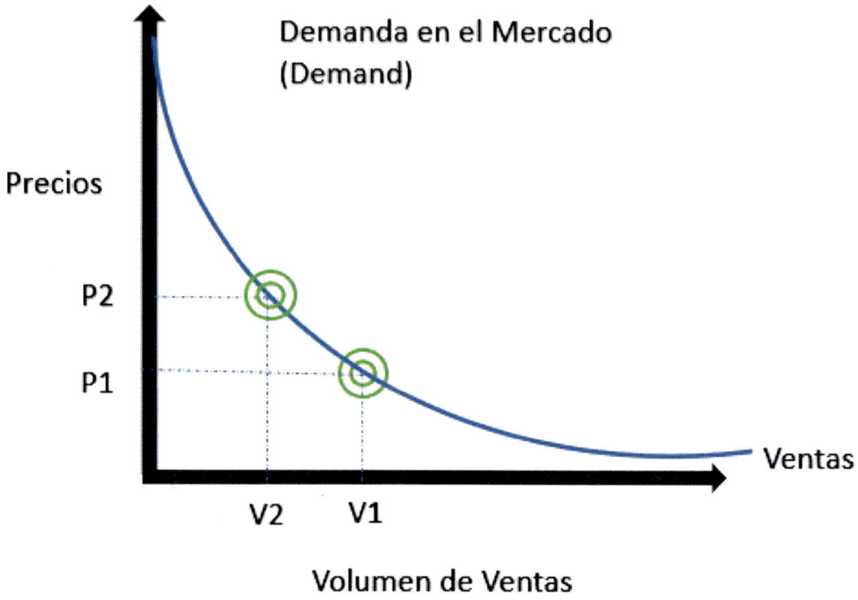

¿LOS PRECIOS EN SU INDUSTRIA SON FIJOS O DINÁMICOS?

- **Demanda elástica** - es la demanda de compra por parte de los clientes que se ven afectados por el precio de los productos o servicios. Si el precio sube el volumen de ventas caerá rapidamente. Si el precio baja el volume de venta aumentará.

- **Demanda inelástica -** las industrias con demanda inelástica no experimentan cambios tan drásticos en el volumen de lo vendido cuando los precios cambian. Estas industrias generalmente se caracterizan por una alta demanda y una oferta limitada. Un ejemplo común de mercado inelástico es la industria farmacéutica.

¿EXISTEN TEMPORADAS DE MÁS DEMANDA Y OTRAS TEMPORADAS MENOS EN SU INDUSTRIA?

Para utilizar esta estrategia, identificamos las temporadas del año cuando la demanda es más fuerte y ofrecemos descuentos ubicando a los clientes que son más sensitivos a precio altos en las temporadas del año cuando hay poca demanda.

Es importante saber que muchas de las estádisticas de negocios usan curvas. Es natural pensar que las relaciones entre precio, costo y demanda siguen líneas rectas. Pero su característica de curva puede implicar cambios graduales tanto como cambios drásticos. Las curvas y parábolas también indican que hay un punto óptimo en el volumen de ventas, precios y otros indicadores como costos. Igual que hay precios y volúmenes donde sus esfuerzos pueden resultar en ingresos negativos o satisfacción negativa. Si los empresarios se orientan sobre estas valoraciones podrían encontrar el punto óptimo de precios, costos y el volumen de ventas. Son factores interesantes para considerar.

ESTRATEGIAS DE PRECIOS

A continuación se muestran algunas estrategias para establecer precios competitivos. Lea cada estrategia y vea cuál podría aplicar a su modelo de negocio para aumentar la cuota en el mercado y mejorar la rentabilidad.

PRECIOS ORIENTADO A LOS COSTOS

El método de fijación de precios más común en el que los propietarios de negocios calculan los costos y luego agregan un porcentaje al costo para su margen de ganancia.

VARIACIÓN DE PRECIOS

Incluye estrategias como "Price-Lining" donde ofrecemos productos similares en diferentes puntos de precio: económica, moderado y premium, para que los clientes puedan seleccionar el precio y el producto que se ajuste a su presupuesto.

PRECIOS PENTRANTES

En esta estrategia la empresa se convierte en la opción menos costosa del mercado. Idealmente, pueden hacerlo porque el volumen de ventas les permite comprar suministros y producir menos costosos que la competencia. Las empresas también pueden convertirse en las menos costosas al ofrecer un producto de calidad más barato o utilizar una tarifa promocional agresiva para captar clientes de la competencia.

PRECIOS NEUTRALES

Esta estrategia es donde la empresa elige no ser ni la más cara ni la menos cara. La tarifa es moderada con un valor y calidad razonable para sus clientes.

PRECIOS PREMIUM

Esta estrategia de precios es para empresas que desean ofrecer un producto de la más alta calidad, pero a cambio cobran precios más caros que sus competidores. Atienden un segmento superior específico del mercado que valoran la calidad, el servicio y pueden pagar más.

PRECIOS SENCILLOS CON ADICIÓNES

Esta estrategia se utiliza cuando el cliente es muy consciente de los precios y los precios del mercado son extremadamente competitivos. La empresa ofrecerá un producto básico con la capacidad de agregar productos y servicios. Los empleados están capacitados para vender productos y servicios complementarios.

PRECIOS EN PAQUETES

Usa este estrategia si operas un empresa con mucha competencia y necesitas mantener confidencialidad de cierta información propietaria. Los productos y servicios se agrupan en un paquete. Esta estrategia también se puede utilizar para vender más artículos a nuestros cliente. El paquete ofrece varios productos en un precio colectivo más bajo de si compres los productos individualmente. Así aumentas el valor para su cliente.

PRECIOS SEGMENTADOS

Esta estrategia funciona para empresas donde los precios no son extremadamente transparentes para los clientes. Pueden cobrar diferentes tarifas a diferentes segmentos de clientes. La diferencia en la tarifa se puede basar en volumen, o por la frecuencia de compra. Esta estrategia también funciona bien para industrias donde las comisiones son una parte importante de su estructura de precios. Un ejemplo de precios por segmentos será precio mayoristas versus precio al detal.

8. PUBLICIDAD

PRESUPUESTO

MEDIOS

CRONOLOGÍA

TÁCTICAS

Una vez que hayamos definido nuestra posición en el mercado, la estrategia, la oferta y el precio... ¡Estamos listos para promoverlo! A la hora de planificar una campaña de mercadeo, primero necesitamos saber cómo financiarla. Existe una variedad de medios diferentes que te ayudarán a llegar a las diferentes audiencias. Debes elegir el canal de publicidad que mejor se adapte al lugar donde está tu clientela preferida.

Tu presupuesto es una clave para saber cuánto vas a poder amplificar tu mensaje. Esta es una oportunidad para tomar decisiones, para adquirir nuevos clientes y realizar ventas.

Veamos cuatro estrategias para entender mejor tu presupuesto. Los empresarios saben muy bien que hay que gastar dinero para ganar dinero. Si su publicidad trae nuevos clientes a su empresa, se paga sola. La clave es comprender qué tan extenso desea que sea su publicidad, asegurar de tener el mensaje correcto y adaptar sus tácticas y mercadeo según sea necesario

PRESUPUESTOS

Para las empresas cuyo objetivo es anunciar de manera constante durante todo el año, pueden considerar el metodó del "Porcentaje de ventas". Se trata de una estrategia publicitaria agresiva e integral en la que las empresas se comprometen a anunciar de forma constante durante todo el año. La empresa asigna un presupuesto para mercadeo como parte del presupuesto general de la empresa. En este metodó la empresa estima sus ingresos anuales, que pasarán a formar parte de los objetivos de ventas. Luego, asignan un porcentaje de las ventas previstas al presupuesto de mercadeo. Una cantidad típica sería el 3% - 5% de su presupuesto anual. Con esta estrategia vamos a tener un compromiso con las redes publicitarias para continuar nuestras publicaciones o lo que nos beneficia aumentar el interes de los compradores hacia nuestas empresas, productos y servicios.

Otro método que puedes utilizar es el presupuesto orientado a proyectos. En esta estrategia la empresa decide hacer una campaña. Desarrolla los objetivos, el mensaje y los medios para compartir su mensaje publicitario. La empresa solicitará propuestas a los anunciantes y desarrollará un presupuesto.

Luego evaluarán si tienen el dinero para hacer la campaña y ajustará los elementos según sea necesario. El resultado final será un enfoque de publicidad basándose en proyectos. En este metodó se desarrolla el contenido publicitario. La campaña se realiza en diferentes medios. Luego, los equipos evalúan el retorno de la inversión y buscan cómo mejorar los procesos para el futuro. Se espera que la empresa adquiera nuevos clientes que la mantendrán ocupada con los proyectos. Una vez que se completa los proyectos, la empresa puede buscar el lanzar otra campaña. Se espera que la empresa adquiera nuevos clientes y les atiendan bien.

Si es una empresa en un mercado maduro, altamente competitivo, puede utilizar el método competitivo. Esto permite que su empresa pase de la defensiva a la ofensiva. Esto requiere que la empresa esté pendiente en dónde están

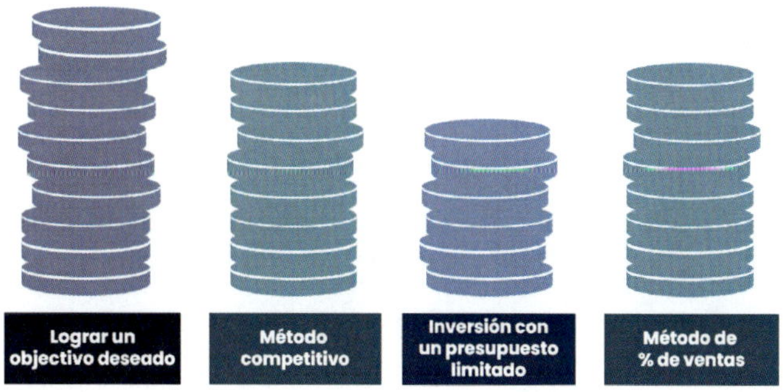

anunciando sus competidores. Después agresivamente ponen anuncios en los mismos lugares.

Esencialmente, esto es un metodó en la que las empresas se aseguran de publicar anuncios en los lugares en los que su competencia hace publicidad. Esto asegura que mantiene su mensaje coherente, o sea una prioridad para sus clientes. Si bien no es la estrategia más original, puede ser efectiva. La idea es que si no pierdes participación del mercado frente a la competencia, podrás cultivar tu base de clientes.

Otra metodó empleada es mirar cuánto dinero hay disponible y elegir una campaña de publicidad que se conforme con el presupuesto que se tenga disponible. Esta estrategia se usa generalmente para las empresas pequeñas que son aprehensivas ante el gasto. La publicidad es tan importante que realmente tienes que invertir en ella para poder ver cómo se generan tus ventas. A menudo, pocos clientes cubrirán el costo de la publicidad. Si uno de esos clientes es un cliente leal y constante, realmente valió la pena. Si bien algo es mejor que nada, a largo plazo puede ser la diferencia entre seguir siendo una pequeña empresa o convertirse en una empresa más grande. La publicidad es una inversión importante.

TIENES QUE GASTAR DINERO PARA GENERAR DINERO

☐ **PÁGINA DE WEB**

La página web es esencial para comunicarse con sus clientes. Es una ubicación central que tiene toda la información que necesitarán y puede facilitar los pagos. Puedes usar SEO (optimización para buscadores) y conectar con sus redes sociales, campañas de email, y listados en plataformas digitales. El sitio web crea gran credibilidad para su empresa a los ojos de sus clientes. - $$$

☐ **BLOGS**

Los blogs son ensayos de interés. Crean valor para sus clientes brindándoles información útil que puede ayudarlos a resolver sus problemas. Los blogs ayudan a mejorar la capacidad de búsqueda de los navegadores web. Además pueden ayudarlo a mantenerse en contacto con los clientes, aumentar su credibilidad y generar tráfico a su sitio web o páginas de redes sociales. - $

☐ **REDES SOCIALES**

Cuando lanzamos campañas de publicidad digital tenemos que buscar dónde están los consumidores, para aumentar los seguidores en las redes sociales. La meta final es que el consumidor visite tu página web, donde pueda realizar una compra o solicitar una propuesta. - $$

☐ **CAMPAÑA DE EMAIL**

Las campañas de correo electrónico ayudan a las empresas a mantenerse en contacto con los clientes. Pueden ser excelentes para anunciar una promoción especial y dirigir el tráfico a páginas web donde los clientes pueden realizar una compra o solicitar una propuesta. - $

☐ **LISTADOS EN PLATAFORMAS DIGITALES**

Los listados en sitios web populares como amazon, ebay, etsy, tripadvisor, expedia, airbnb, u yelp pueden brindarle más visibilidad con los clientes potenciales. Al aprovechar el tráfico de clientes en estos sitios web populares, podemos contactar a más clientes. Es económico y no requiere mucha experiencia técnica. $

☐ **WEBINAR / PODCASTS**

Las reuniones virtuales están ganando popularidad, ya que no requieren que el personal de ventas o los clientes viajen para asistirlas. La estrategia aquí es abrir líneas de comunicación con los clientes y demostrar valor y credibilidad. - $

PRODUCCIÓN DE VIDEO

La producción de video es una parte cada vez más importante de la combinación de promociones. Un buen video de ventas puede ser útil para transmitir su mensaje principal hacia su cliente. Los videos se pueden distribuir en su sitio web, a través de plataformas web y también redes sociales. - $$$$

TELEVISIÓN

Si bien la televisión está perdiendo participación en el mercado global contra nuevas formas de promoción menos costosas, esto sigue siendo un gran factor de influencia en la mente de los clientes. - $$$$$

RADIO

Excelente para ganar reconocimiento de tu marca en un mercado local. La clave para campañas de radio exitosas es repetir el mensaje con frecuencia y contratar los momentos más efectivos del día para ejecutar la promoción. - $$$

REVISTAS Y PERIÓDICOS

Las revistas son una excelente manera de llegar a un mercado objetivo con un mensaje creíble. La gente guarda las revistas por un tiempo, lo que significa que pueden seguir viendo su anuncio meses después de su publicación inicial. - $$$

RÓTULOS Y MATERIALES PARA EXHIBICIÓNES

Este medio publicitario es bueno para eventos presenciales, o para ataer el atención de personas pasando por enfrente de tus oficinas. Las materiales se utilizan en convenciones, exhibiciones, u otros eventos públicos. Son anuncios dirigidos a la masa de la población ("mass market"). $$$$

PIEZAS PROMOCIONALES

Invertir en un folleto profesional es una valiosa herramienta de ventas que su equipo puede utilizar para atraer clientes potenciales. Por lo general, es económico hacer y los clientes aprecian la información. Los artículos promocionales son obsequios que se dan a clientes potenciales. Si bien la idea suele ser que su marca permanezca en la mente de sus clientes, el simple hecho de darlos hace que sus clientes sean más receptivos a entablar una relación comercial con usted. Estos artículos promocionales son especialmente útiles para ferias comerciales y presentaciones. - $

MANEJO DE PROYECTO

Una vez que hemos seleccionado los medios publicitarios que nos gustaría utilizar en nuestras comunicaciones y comprometidos con la magnitud de la publicidad, podemos comenzar a solicitar propuestas a las empresas de publicidad. Estos medios publicitarios, saber el costo de las diferentes opciones y reunirse con profesionales para comprender que es necesario para lanzar la campaña promocional.

Ahora es una buena idea seleccionar un programa de computadora que ayudara administrar las tareas. Hay una variedad de programas ("cloud-based software") disponibles de forma gratuita en línea. El uso de un administrador de tareas será especialmente útil para que su equipo ejecute las campañas programadas. Existen muchos formatos que pueden facilitar su proyecto. Elija una ruta "roadmap" para dirigir un equipo desde las metas estratégicas, los objetivos a corto plazo y las asignaciones de trabajo.

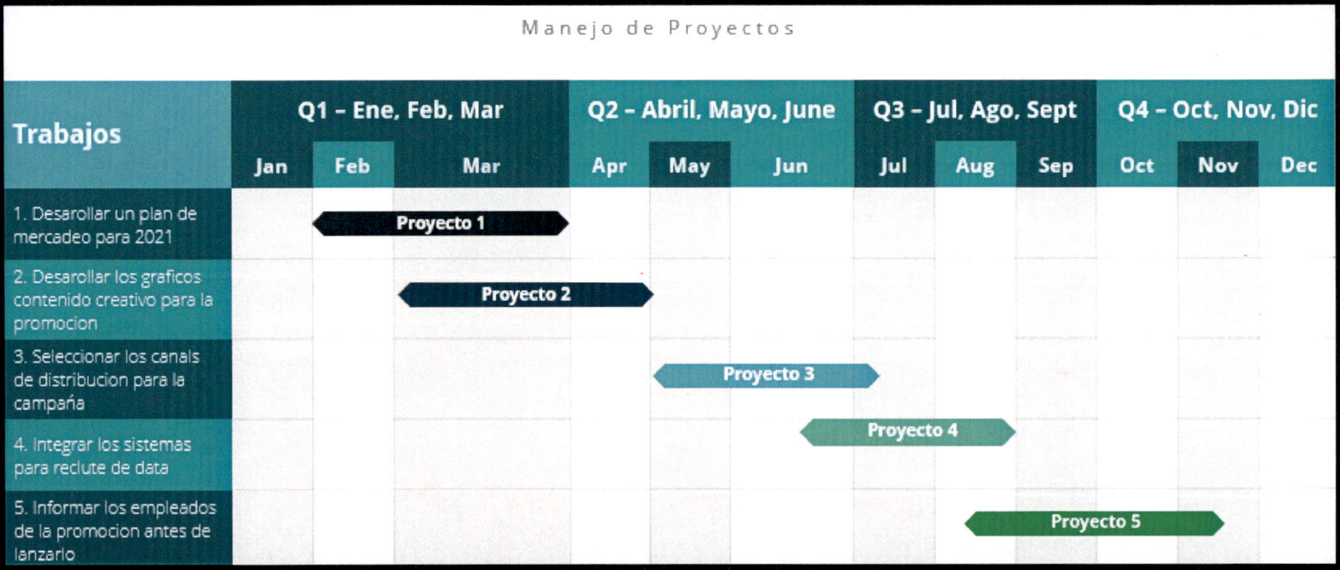

Ejemplo de un diagrama Gaant

Un "Programa Administrador de tareas" utiliza diagramas de Gantt y permite establecer fechas y llevar a cabo una multitud de asignaciones. Esto ayuda a su equipo a visualizar múltiples tareas que tienen lugar simultáneamente, algunas de las cuales pueden estar dependiendo de que las tareas terminen para iniciar otras tareas. Los cronogramas ayudan a medir el éxito al completar las tareas a tiempo, dentro del presupuesto y esperamos además, con la satisfacción del cliente. Un ejemplo de una cronología típica para una campaña de mercadeo, usará las siguientes tácticas y asignaciones: empieza con un objetivo importante, como lograr las metas de ventas en Q1. Luego decidiremos los proyectos que implementaremos para ejecutar nuestras estrategias.

En el ejemplo de anunciar una promoción de temporada los siguientes puntos serán las tácticas para cumplir el proyecto.

- Enviar un comunicado de prensa
- Desarrollar gráficas de contenido creativo para la promoción
- Desarrollar blogs y contenido en las redes sociales.
- Lanzar una campaña de emails y llamadas.
- Aumentar su visibilidad con vallas públicas.

Todas serán buenas maneras de trabajar en el proyecto y cada una tiene asignaciones con labores más específicas. El equipo de trabajo actualizará los datos cuando termine una asignación, compartan mensajes y archivos.

CRONOLOGÍA

OBJECTIVOS

Seleccio/namos las objetivos que queremos lograr y escogemos las metricas que utilicemos para medir nuestro progreso. En inglés esta practica se llama KPIs (Key Performance Indicators) y son utilizados para medir factores claves en nuestras estrategia de mercadeo

CAMPAÑAS

Luego decidimos el mensaje, los medios, la frecuencia y el presupuesto para la campaña.

TÁCTICAS

Estas son las acciones en la campaña que implementaran nuestras estrategias y comunicará nuestras oferta de valor. Por ejemplo, podemos producir videos, blogs, o lanzar una campaña en las redes sociales.

ASIGNACIONES

Estas son las labores que nuestros equipos lograran para lanzar la campaña, realizar ventas y atender a los clientes.

FECHAS

Añadir fechas ayudará a adelantar el proyecto y a alinear límites esfuerzos.

MEDIR

Es importante medir el éxito de su proyecto y capacitar al equipo para recopilar datos como cuántas consultas, propuestas y ventas lograremos. También incluye el ingresar los contactos en una base de datos para la administración de contactos.

REUNIR

Los equipos deben recopilar los datos que pertenecen a las campañas y revisar los metricas de rendimiento (KPIs). Es un buen ejercisio de encontrar las causas de los resultados y discutir donde deben enfocar sus esfuerzos para mejorar los resultados.

PRESENTACIÓNES

FOTOGRAFÍAS

GRÁFICOS

ESCRITOS

CONTENIDO CREATIVO

Hemos llegado al corazón de este libro. Ahora podemos poner en práctica todas las estrategias, declaraciones, e investigaciones para lograr refinar nuestros mensajes y atraer a nuestros clientes ideales. Queremos utilizar ahora las prácticas previas para tener lista la voz de su campaña de mercadeo. Esta serie de ensayos y ejercicios le va a ayudar a escribir. Las piezas de publicidad forman el resumen de su misión, valores, metas, fortalezas y posicionamiento en el mercado. El diseño y el mensaje es preparado con nuestro perfil de cliente en mente. Con la base de este contenido podemos escribir buenas descripciones de nuestros productos y servicios que sean efectivos. Podemos desarrollar los elementos de nuestras campañas de publicidad con certeza.

PRESENTACIÓNES

Existen muchas razones por las cuales una buena presentación de tu empresa es útil. Con la proliferación de comercios en línea por razón de la pandemia muchas personas están manteniendo contacto con sus clientes vía "webinars". Una presentación buena se puede usar para este propósito, igualmente para presentaciones de ventas en persona. Fortaleciendo sus materiales para el comercio en línea le dará una gran ventaja a su equipo de ventas. Este material también se puede reusar para blogs, páginas web y otros medios. Vamos a revisar algunas sugerencias para crear contenido profesional.

El primer paso es identificar realmente quién es su audiencia y cuáles son las tendencias de estilo para ese grupo demográfico. El diseño es subjetivo. La forma de hacer una presentación atractiva es crearla específicamente para tu audiencia. Cuando escogemos los diseños para las presentaciones pensamos en las características de nuestro perfil de cliente. Si tu audiencia es conservadora, es posible que desees crear un diseño clásico. Intenta usar tipografía serif como Times New Roman o Georgia para lograr un aspecto clásico. Mantén tu presentación profesional y concisa.

Si no estás seguro en cuál diseñó debes usar para tus materiales promocionales revisa las plantillas profesionales disponibles en línea. Existen mercados para estas plantillas incluyendo "Creativemarket, Canva, o Pinterest". Revisar los diferentes diseños, ayudará a que pronto encuentres la inspiración para crear tu diseño.

Existen muchas plantillas para presentaciones y estas son económicas. Pueden adaptar las plantillas que necesitas para el proyecto final .

Las plantillas se pueden utilizar para el diseño de sitios web, folletos, tarjetas de presentación y campañas en las redes sociales. Muchas empresas cambiarán los colores para reflejar los colores del logo de la empresa. Si dedicas tiempo a revisar las plantillas de diseño, puedes mejorar tu estilo de diseño en general.

Cuando estamos preparando una presentación dinámica es importante usar visuales para fortalecer su mensaje. Queremos evitar un exceso de redacción. Es un consenso generalizado que las presentaciones excesivamente largas son aburridas. Las ayudas visuales son parte importante de una buena presentación. Imagina que los slides de la presentación son obras de arte: invoca pensamientos profundos en los participantes, pero deja algo para explicar y contemplar. Fortalece tus argumentos con información en tablas y gráficas para obtener el máximo efecto. Usa colores brillantes; elimina el formato decorativo de las gráficas que impiden que los participantes comprendan la información mostrada. El diseño innecesario puede distraer al participante del mensaje principal. Utiliza iconos que puedan invocar pensamientos profundos.

GRÁFICOS VECTORIALES

Tus íconos son más lindos cuando utilizas gráficos vectoriales. Las gráficos vectoriales son gráficas que no pierden la resolución cuando se alargan o encogen. Tienen una ecuación matemática que las hacen escalables, Esta es una propiedad deseable que indica su habilidad para estirarse y adaptarse sin perder calidad. Esto significa que sus logotipos y gráficas se verán bien incluso cuando se amplíen en un escenario de conferencias o se muestren en la pantalla grande en una sala de conferencias. Deben estar seguros de que no importa qué dispositivo están mirando los usuarios, Las gráficas no se verán pixeladas, o en otras palabras menos borrosas. Los gráficos vectoriales se utilizan para logotipos, íconos y algunas ilustraciones.

TRANSMITIENDO VIDEOS

Cuando los espectadores ven videos de Internet o eventos en vivo en línea, no están descargando el contenido, sino accesando a un flujo constante de datos. Esta forma de transmisión de medios es en tiempo real, gran parte de la cual se transmite a través de Ethernet. La descarga a su computadora no es necesaria y la visualización del contenido no ocupará espacio en su disco duro. Requiere una señal de Internet fuerte con suficiente ancho de banda libre para tener una experiencia agradable. Esto en inglés se llama "streaming". Debe tener un ancho de banda aproximado y no menos de 5 megabytes por segundo para transmitir video de definición estándar sin experimentar interrupciones por "buffering" o paquetes de data corruptos.

El equipo necesario para transmitir un evento en vivo es mínimo. Necesitará una cámara de video, un interfaz de audio (ambos normalmente integrados en las computadoras) y un software de captura de pantalla. El software de captura de pantalla puede codificar el contenido y transmitirlo digitalmente a través de una plataforma de entrega de contenido. Las plataformas como Zoom y Skype. Además puedes distribuir streaming a través de las grandes redes de transmisión como Netflix, Youtube y Hulu.

El usuario puede acceder al contenido en vivo o pregrabado. Los productores pueden añadir funciones interesantes como subtítulos, "ticker tape" texto en tiempo real, chats en vivo, encuestas en línea, emoticones y más. Todas estas funciones podrían hacer que las transmisiones en vivo sean más interactivas.
El informe de "Horowitz Research State of Pay TV, OTT y SVOD 2017" dijo que el 70% de los que veían contenido lo hacía a través de un servicio de transmisión ("streaming") y, que el 40% de la televisión se veía de esta manera, el doble que cinco años antes. Los millennials, según el informe, transmitieron el 60% del contenido.

Si necesita transmitir un evento más grande de una pequeña reunión, es posible que necesite protocolos de transmisión más sofisticados. La transmisión de videos profesionales y el audiovisual realmente pueden marcar la diferencia para garantizar una buena producción. Los servicios de reuniones también pueden brindar asistencia con soporte técnico para los usuarios y oradores durante el evento. Si tiene un video pregrabado que desea transmitir, asegúrate de que esté en formato MP4 y utilice un servicio con servidores proxy para asegurar la buena transmisión a tu audiencia.

INVENCIÓN DE ETHERNET

El ethernet se desarrolló en Xerox PARC entre 1973 y 1974. Robert Metcalfe había estudiado como parte de su tesis doctoral. La idea se documentó por primera vez en un memorando que Metcalfe escribió el 22 de mayo de 1973, donde lo nombró en honor al éter luminífero que una vez postuló que existía como un "medio omnipresente y completamente pasivo para la propagación de ondas electromagnéticas".

FOTOGRAFÍA

Hay un par de reglas generales al usar imágenes en la publicidad. Muchas pantallas de computadoras y salas de reuniones tienen pantallas en alta resolución, por lo que sus imágenes deberán ser de alta resolución para verse bien. Para lograr fotos en condiciones óptimas, debes tomarlas con ajustes manuales y trípodes. Si deseas crear fotografías buenas, incorpora algunas de las leyes de la fotografía en tu presentación. Ideas como la regla de los tercios (desplazar la imagen, en lugar de centrar siempre) puede crear un estilo agradable. Cuando estás editando fotos, puedes recortar la imagen, pero nunca debes estirarla. Eso sería un pecado capital en el diseño digital.

Cuando te prepares para una sesión fotográfica, elige la hora del día que te proporcione la mejor luz natural. También se recomienda complementar la sesión de fotografías con luces adicionales. Considera usar luces de paraguas o luces de caja suave para obtener resultados aún mejores. Utiliza un reflector para mejorar aún más el sujeto de su sesión de fotos. Si estás fotografiando productos, considera una caja de luz. Esto te permitirá obtener excelentes imágenes de productos sin sombras ni otros defectos. Para fotos de bienes raíces considerar un lente "fisheye" o "wide-angle" y un trípode. Las buenas fotografías son extremadamente importantes para generar ventas.

Exposición equilibrar la luz en ajustes manuales				
Sub-expuesto		*Perfecto*	*Sobre-expuesto*	
-2	-1	0	+1	+2

Aperatura (f-stop)							
Poco Profunda		*Borroso*		*Enfoque*		*Profundidad Maxíma*	
1.4	2.8	4	5.6	8	11	16	22

Tabla de Conversión Pixels a Imprenta	
Pixels	*Pulgadas*
900 x 1,500	3 x 5
1,200 x 1,800	4 x 6
1,500 x 2,100	5 x 7
2,400 x 2,400	8 x 8
2,550 x 3,300	8.5 x 11
2,700 x 4,800	9 x 16
3,300 x 4,200	11 x 14
3,300 x 4,800	11 x 16

APLICACIONES GRÁFICAS

PHOTOSHOP

Este software es la elección de la industria para la edición de fotografías y el diseño gráfico. El software se desarrolló originalmente en 1988 y ha sido objeto de muchas actualizaciones, añadiendo muchas funciones útiles. El software está disponible como parte de la nube creativa de Adobe. Todas las aplicaciones de Adobe son Saas (software como servicio) disponible por una tarifa mensual. El programa se hizo famoso por sus capacidades para editar con capas, máscaras y filtros. El programa tiene una enorme biblioteca de herramientas para crear arte gráfica.

ILLUSTRATOR

Illustrator es un programa de Adobe para crear gráficos vectoriales. Estos gráficos se utilizan para logotipos, tipografía y creación de imágenes en escala grandes para imprimir pancartas, vallas públicas, carteles y más. Este software le permitirá crear gráficos en formatos de PDF y SVG ("scalable vector graphics"). El uso de gráficas vectoriales en el arte digital le permite tener en cuenta la variedad de tamaños de pantalla que los usuarios utilizan para acceder a la web.

IN-DESIGN

In Design es un excelente software para el diseño de revistas, libros y periódicos. Tiene una variedad de características que facilitan la creación de un formato de libro con muchas páginas. Puede exportar su trabajo en formatos como EPUB y SWF. El formato de SWF se utiliza para imágenes animadas y aplicaciones pequeñas con diferentes niveles de interactividad. Los archivos creados en Indesign también se pueden codificar con XML y CSS para mostrarse bien en línea.

PREMIER

Este programa se utiliza para la edición de videos. La interfaz gráfica es una línea de tiempo. El programa permite una variedad de formatos de archivo importados y funciona bien tanto en Mac como en PC. El programa ha sido creado para brindar compatibilidad con otros softwares y sistemas de computadores. Puedes usar Adobe Premier para producir videos en muy alta resolución. Existen dos versiones, para consumidores y profesionales. Adobe Premier Pro es usado por productores de películas y canales de noticias como su primera opción para editar video.

Si aumentaste el contraste o el brillo en tu monitor personal, es posible que no veas los colores como lo ven tus clientes en línea. Además puede tener una sorpresa desagradable cuando el proyecto de imprenta sale con colores distintos de los cual los escogiste. Por eso es buena idea realizar una corrección de color y restaurar la configuración predeterminada de tu computadora. Estas herramientas están disponibles, libre de costo, en línea. Las herramientas para calibrar los colores que pueden ayudar a restablecer los colores de facto en tu pantalla para que coincidan con los valores predeterminados. Son pequeños detalles, pero a veces surgen en el diseño digital. Para usar, ajusten hasta que todos los colores estén fácilmente separados.

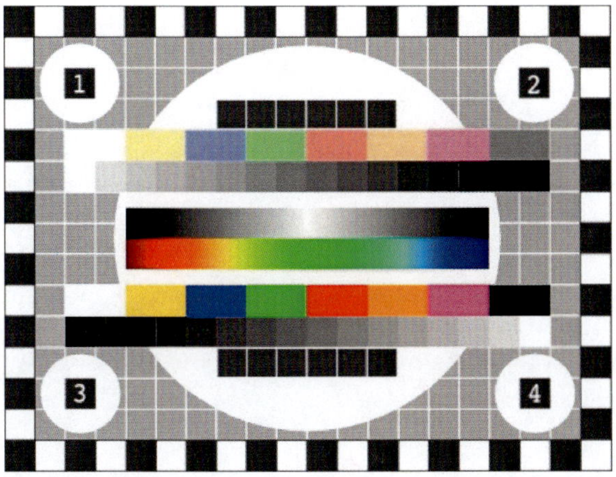

Existen dos formatos de colores, RGB y CMYK en los programas de diseño gráfico. La primera, RGB es optimizada para pantallas. Funciona en base de los colores rojo, verde, y azul. Las pantallas como computadores, celulares, y televisiones están hechas a base de estos colores. Cualquier proyecto de publicidad destinado para la web (ej: fotos y gráficas) debe estar guardado en el formato RGB.

Si está adaptando el contenido para un proyecto de imprenta (ej: folletos, tarjetas de presentación, vallas públicas) debe guardar el archivo en el formato de CMYK. Este formato esta basado en los colores Cyan, Magenta, Amarillo, y Negro. La tinta usada por las empresas de imprenta está hecha de estos colores. Cuando diseñamos utilizando el formato correcto, logramos piezas de publicidad atractivas.

Optimizar la resolución y el tamaño de las fotografías para uso en sus campañas de publicidad será fundamental para su éxito. Deberás asegurarte de fotografiar con la configuración de resolución más alta disponible en tu cámara. Luego se pueden comprimir en los tamaños que necesites para promociones impresas o digitales.

Las imágenes grandes en sus sitios web lentizarán el tiempo de carga para los usuarios. Si tu página web tarda en descargar (por segundos) los usuarios la abandonarán e iniciarán la búsqueda en otro lugar. Por eso es tan importante asegurarse en utilizar los tamaños y resoluciones correctas en las campañas de medios. La resolución estándar para fotografías en la web es de 72 píxeles: esto es suficiente para que las imágenes se vean bien en las pantallas de computadoras y dispositivos móviles, mientras se cargan rápidamente. Si estás preparando imágenes o gráficos para páginas web, cuanto menos megabytes uses, mejor. Por ejemplo, guardar imágenes con formatos de compresión de archivos como JPEG, PNG-8, PNG-24 o GIF puede comprimir la cantidad de píxeles sin mucha distorsión. Esto te permitirá cargar rápidamente tu sitio web y mejorará la experiencia del usuario. Las plantillas de las páginas web tienen espacios definidos para fotografías y gráficas. Por ejemplo el "banner", contiene dimensiones especificas. Para asegurar que tiene el tamaño y dimensiones correctas analize la plantilla de antemano. Editar las fotos primero y luego subirlos a los archivos de tu página web. Clic derecha y inspeccionar para ver el tamaño del espacio para fotos (en pixels).

En cuanto a fotografía y gráficos para impresión, la estrategia es muy diferente. Si está imprimiendo piezas promocionales de tamaño de papel estándar, guarde sus imágenes en un mínimo de 300 dpi (puntos por pulgada). Los impresores prefieren documentos en formatos como TIFF, PDF, EPS o PSD. Estos formatos de archivo tienen menos compresión, lo que resulta en mejores resultados visuales en imprenta. Si está pensando en imprimir algo muy grande, como un cartel, letrero o valla publicitaria de una exposición, es posible que deba diseñarlo en Adobe Illustrator con gráficos vectoriales. Ésta es la mejor manera de mantener una impresión de alta calidad.

ACTIVIDADES INTERACTIVAS

Más allá de los productos, la gente desea experiencias. La única forma de hacer una experiencia verdaderamente mágica es planificar bien y con tiempo. La industria de reuniones y eventos, así como el campo de la educación, están trabajando diligentemente para hacer que las experiencias en línea sean cada vez más agradables. Es por eso que las experiencias interactivas están ganando popularidad. Hay tantas aplicaciones que puedes agregar a su transmisión en línea que pueden hacer que la experiencia sea más divertida; la idea es mantener a las personas tan comprometidas, que no se distraigan con otros dispositivos. Existe una creciente preocupación por la falta de conexión que las personas sienten con las experiencias en línea. Sin embargo, agregar juegos de video a los entrenamientos, chats a seminarios, emoticones a conciertos virtuales, y encuestas en vivo a reuniones, está creando experiencias que son modernas e interesantes. Además las oportunidades surgiendo con la realidad virtual y la realidad aumentada están abriendo puertas a experiencias nuevas que podemos crear para emocionar a los seguidores. El compromiso es vital para la retención de ideas. Si está coordinando un taller, es recomendable cambiar el formato de la presentación durante el evento. Por ejemplo, utilice un vídeo breve que no dure más de 2-3 minutos. Esto ayuda a que los participantes tengan una imagen mental del tema. Entre en una presentación con la información del evento. Luego coordine un foro para discutir las discusiones. Utilice una moderadora para crear un Q & A ('questions & answers) más natural. Los formatos de foros son buenísimos para conferencias interesantes.

¡PARTICIPA!

1 **Suficiente Ancho de Banda -** Si quieres tener una experiencia agradable en línea debes asegurarte de tener una buena señal. Eso puede significar desconectar muchos dispositivos domésticos que están conectados a tu WIFI, Bluetooth y Ethernet. Otro buen consejo es conectarse con cable siempre que sea posible.

2 **Buena Conexión -** El otro consejo es asegurarse de que tus enchufes eléctricos estén bien insertados. Esto también se puede aplicar a otros enchufes como pantallas de televisión, teclados y micrófonos cuando se realizan reuniones corporativas.

3 **Vestimienta y Escenario -** Debes tener cuidado con el color de fondo y el color de tu camisa. No quieres convertirte en un cabeza parlante. Los fondos virtuales están bien, pero son potencialmente feos. Lo que más he disfrutado es una oficina escenificada con gran arte. Esto es ideal.

4 **Lucir -** Al filmar lo ideal es que desee mucha luz y profundidad. Una cámara web portátil se usa ampliamente, pero hay que evitar ángulos desfavorables, como la cámara web apuntando hacia tus fosas nasales y la pantalla de la computadora iluminando tu rostro. Muchas personas han optando por una lámpara para alumbrar su cara. Estas luces económicas tienen ganchos en caso de que desee filmar con un teléfono celular.

5 **Sonido -** es una parte clave de las reuniones virtuales. Puedes comprar un micrófono independiente para obtener el mejor audio. Esto ayuda a evitar el ruido de fondo del tráfico, los vecinos cortando grama, el teclado de la computadora y otros ruidos.

6 **Redundancia en el Sistema -** Para reuniones importantes intenta usar su teléfono como un sistema redundante en caso de que se apague la señal o la energía. Las reuniones virtuales profesionales deben tener al menos 2 anfitriones. Las conferencias virtuales más sofisticadas tendrían personas dedicadas a cambiar de pantalla y programar la producción avanzada.

7 **Seguridad Cibernética -** Cuando comiences a agregar seguridad cibernética a tu reunión virtual, comienza por revisar la configuración de tus opciones en la plataforma que estás utilizando. También asegurate de usar un código de acceso único cada vez que presentes una reunión.

EJERCICIO DE ESCRIBIR

¡AHORA ES EL MOMENTO DE EXPRESAR TU CREATIVIDAD!

A continuación, se presentan algunas preguntas importantes que puedes utilizar para establecer el tono de tu contenido creativo. Permítame ofrecerte un consejo antes de que empiece a escribir. En un mundo donde todo está en línea, donde la información es gratis, abundante y donde existe una gran cantidad de opciones, ¿qué es lo que más valora la gente? **Confiar.** La gente te pagará si confía en que harás un buen trabajo y si creen que la información que están leyendo es verdadera. Las palabras son poderosas y, muchas veces, se usan incorrectamente. Al elegir los adjetivos que describirían tus productos y servicios, asegúrate de utilizar palabras que proporcionen una descripción precisa y específica. Con demasiada frecuencia, en publicidad, utilizamos palabras arbitrarias para describir elementos importantes de nuestro negocio. Decimos que nuestro servicio es 5-estrellas, sin saber lo que realmente implica el servicio 5-estrellas. Describimos un producto como el mejor, sin proveer información para validar ese reclamo. Intenta escribir con descripciones reales, descripciones que brinden a nuestros clientes información que realmente puedan usar. ¿Su restaurante tiene características especiales para eventos privados? Haz tus descripciones específicas y útiles y evite descripciones arbitrarias. Al proporcionar a nuestros clientes información procesable, comenzamos a ganarnos su confianza.

¿Qué quieres que tu cliente sepa sobre tu empresa, productos y servicios?

¿Qué hace que tu empresa, producto y servicio sean únicos?

¿Cuál es el dolor que siente su cliente, cómo puedes ayudar?

¿Qué quiere sentir tu cliente cuando usa tus productos o servicios?

DESARROLLO

PÁGINAS DE WEB

Imaginemos nuestra página web como nuestra tienda digital. Mejor aún que la tienda tradicional, nuestras páginas web pueden funcionar solas y solo cuesta una pequeña parte de lo que cuesta una tienda tradicional. ¿Qué experimentarán los clientes cuando visiten tu espacio digital? Los clientes desean tener simplicidad, información y utilidad. Necesitan poder efectuar sus transacciones fácilmente, pero al mismo tiempo efectuarlas con la confianza de que están realizando una transacción justa. Nuestros clientes están bastante ocupados por lo que debemos brindarles un servicio rápido anticipando sus necesidades creando de este modo una experiencia en línea agradable.

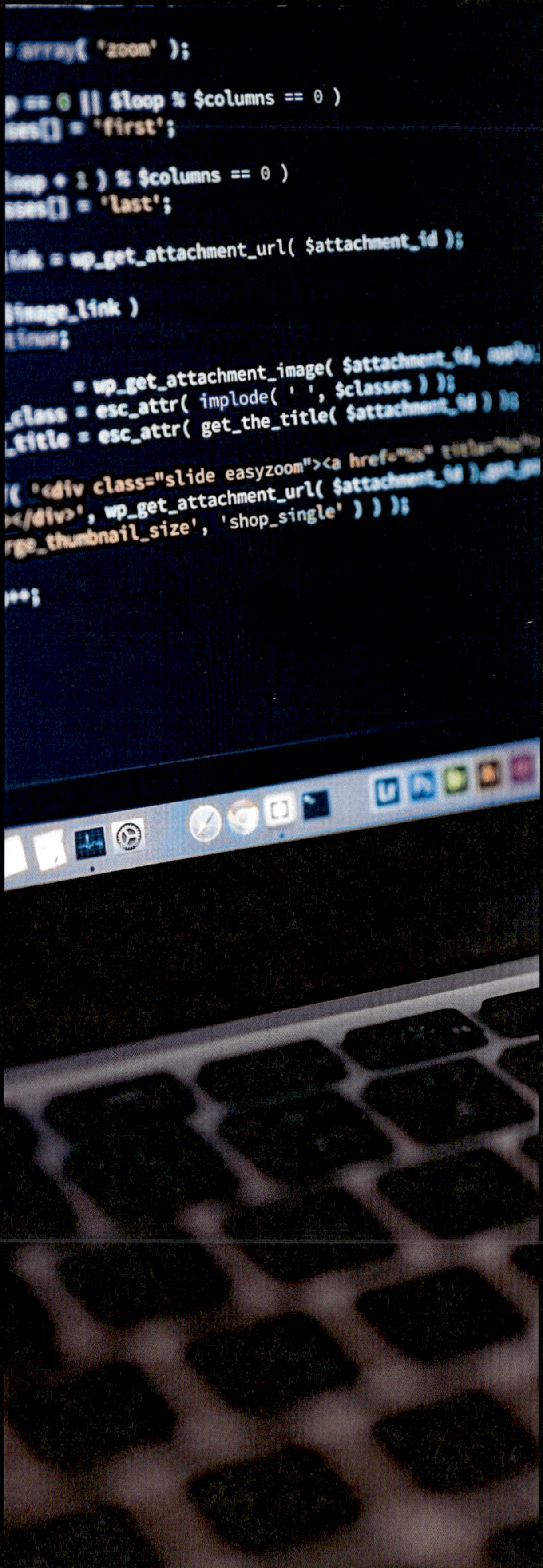

DOMAINS & HOSTING

El "domain" (dominio) es el nombre registrado de tu página web. Para obtener un domain, debes adquirir los derechos mediante una empresa que sea registradora de nombres de dominio. Estas empresas han sido autorizadas por ICANN (Corporación de Internet para la Asignación de Nombres y Números) para registrar nombres de páginas web. El domain forma parte de tu URL (uniform resource locator). El domain y URL forman la dirección completa (https://www.google.com/) que es lo que tus clientes escribirán en la barra de navegación del navegador de Internet para ser dirigidos a tu página web.

Cuando uno compra un nombre de dominio, puede entonces crear correos electrónicos con la misma terminación del domain, por lo que lucen más profesionales que los correos electrónicos comunes. Los registradores de dominios a menudo combinan el registro de su nombre de dominio con la prestación de servicios de correo electrónico y servicios de "hosting"

Para que tu sitio web esté disponible en la red debe estar en un disco duro que siempre esté conectado al Internet. Dado que la mayoría de las personas no pueden garantizar que su computadora esté encendida en todo momento, se paga por los servicios de alojamiento. Alojar un sitio web significa que los archivos de tu sitio web están grabados en un servidor en las instalaciones de la empresa de alojamiento. El servidor de la empresa de alojamiento proporciona suficiente amplitud de banda para conectarse rápida y eficazmente con sus usuarios en todo momento. Las empresas que brindan estos servicios de alojamiento suelen almacenar sus servidores en salas con la temperatura y la humedad controlada para garantizar que no haya interrupciones en el servicio. Además, las compañías proveen duplicidad en sus discos duros. La probabilidad de perder su información disminuye con la duplicidad. Esto asegura que su sitio web esté disponible las 24 horas del día, los 7 días de la semana, sin interrupciones.

Para los desarrolladores novatos, un sistema de administración web de contenido (CMS) puede ser una excelente manera de comenzar a crear tu sitio web. Un sistema de administración de contenido es un programa de software que administra sus aplicaciones de texto, imágenes, multimedia y plug-ins. Puedes cargar tu multimedia con fotografías, gráficas y videos y escribir tu contenido directamente en el programa. El programa se adaptará al código HTML y CSS. Hay una variedad de plantillas disponibles, que puedes adaptar para hacer tu sitio web. Los más reconocidos son Wordpress, Joomla, y Wix.

Los sistemas CMS son una buena manera de comenzar a crear un sitio web, pero no son la mejor manera de hacerlo. Estos sistemas a menudo pueden tener puertas traseras para que los piratas informáticos accedan al sitio web e instalen virus. Además, dicho sistema estará sujeto a la plantilla que está utilizando y sin un diseñador web, será difícil llevar a cabo adaptaciones reales a la plantilla. A menudo, los diseñadores de plantillas instalarán sus logotipos para acreditar su diseño. Esto podría verse horrible en el sitio web de tu empresa y parecerá poco profesional. Además, dichos sistemas están limitados en sus capacidades de programacion , por lo que el procesamiento de las correspondientes cuentas de sus clientes probablemente no sea muy fácil de integrar con estos sistemas. El programa CMS más utilizado hoy en día es Wordpress: se estima que el 38,2% de Internet está formado por sitios web de wordpress (www.wikipedia.com, 2021). Wordpress es un programa de código abierto, lo que significa que es de uso gratuito. Existe una variedad de aplicaciones que pueden funcionar con su sitio web de Wordpress. Muchos programas CMS funcionan con tablas de bases de datos, que se utilizan para formatear su página y organizar el contenido para capacitar la recuperación de archivos.

META-TAGS

¡El Internet es un lugar competitivo! Para salir en los resultados de búsquedas necesitamos comprender cómo funcionan los buscadores (ej. Google, Safari, Bing) y los sitios web. Así podemos crear un sitio web que le dará los mejores resultados. Los buscadores categorizarán su sitio web mediante un proceso llamado Indexación. Los diseñadores web proporcionan criterios para que los buscadores indexen y muestren correctamente la página web en la pantalla del usuario. Este código se llama meta-tags y no es visible para el usuario. Están escritos en el código del sitio web y pueden tener un impacto grandísimo en tu éxito.

LAS META-TAGS SON CÓDIGOS UBICADO EN EL "HEADER" DE UN SITIO WEB QUE INDICAN EL TIPO DE CONTENIDO Y ESPECIFICA CIERTAS CONFIGURACIONES PARA SUS USUARIOS.

Las meta-tags que se encuentran en el "Header" del sitio web indican a los buscadores qué idioma y qué caracteres de idioma mostrar. También le dicen al buscador cómo cambiar el tamaño de la página web dependiendo del tamaño de la pantalla del usuario. Para crear una experiencia agradable en línea todo esto es importante . Además, el header incluye el título de la página y su descripción.

El título de tu sitio web se vincularía directamente a su capacidad para aparecer en los resultados de búsqueda y no debe ser más de 60 caracteres. La descripción no afectará su probabilidad para aparecer en los resultados de búsqueda, pero afectará si alguien elige hacer clic en tu sitio web. Esta descripción aparece en los resultados de la búsqueda, bajo el título y no puede exceder 160 caracteres. Por lo tanto, tenemos que ser estratégicos cuando seleccionamos esta descripción. Si eliges no agregar una meta-tag de descripción, el buscador seleccionará cualquier contenido de tu página para mostrarlo en el resultado de la búsqueda. ¡Es posible que perdamos la mejor oportunidad de capturar a ese cliente potencial con una mensaje llamativa.

PALABRAS CLAVES (KEYWORDS)

Las palabras claves son las palabras que utilizan los clientes para buscar productos y servicios. Es increíblemente importante comprender cuáles son las palabras que tus clientes están usando para buscar y dónde colocarlas en tu sitio web para que pueda formar parte de los resultados de la búsqueda. Con frecuencia, las personas usarán palabras creativas en los títulos y descripciones que no son similares a las palabras que buscan los clientes. Esto puede afectar drásticamente sus resultados. Las palabras deben coincidir y estar incluidas en toda tu página web. Los especialistas en mercadeo dedican mucho tiempo a este tipo de análisis y existen herramientas en línea para encontrar los datos de las palabras claves con las que la gente está buscando. Puedes elegir palabras clave populares, pero, es probable que puedas encontrar la competencia tan intensa que no puedan aparecer en los primeros resultados de la búsqueda. Por lo tanto, si puede ser más específico utilizando una serie de palabras para describir tu producto o servicio, es posible que aparezca en resultados de búsqueda menos competitivos. Por ejemplo, en lugar de seleccionar hotel como palabra clave, puedes optimizar tu sitio web en torno a un hotel en la playa en San Juan. Esto mejorará las posibilidades de que lo vean. Antes de crear el contenido para tu sitio web, revisa las palabras clave con herramientas en Google Adwords y optimiza su contenido en torno a estas palabras clave. Continúa optimizando tu sitio web según sea necesario para mantenerse competitivo.

Considera utilizar diferentes palabras claves en las diferentes páginas de tu sitio web con palabras más específicas en las subpáginas. Si usas las palabras clave en los titulos ("header"), imágenes, y enlaces (header, Image, and anchor tags), puedes mejorar aún más los resultados de las búsquedas. Algunas empresas se beneficiarán de optimizar las imágenes en el sitio web con palabras clave en los títulos del texto alternativo ("alt text") de las imágenes. Muchos clientes buscan productos con búsqueda de imágenes (ej. muebles). Esto no solo mejorará la optimización de la búsqueda, sino que también ayudará a las personas con discapacidad visual y a las personas con configuraciones de Internet inusuales a comprender qué son las imágenes cuando no se pueden ver.

DISEÑO

Crear un wireframe es una excelente manera de comenzar a comprender los elementos gráficos de tu página y considerar la experiencia del usuario (UX). Decidir cuál es la mejor experiencia en un sitio web realmente depende de cuál sea tu negocio. Si estás en un campo creativo como el diseño, las animaciones creativas y los efectos multimedia complementarán tu marca. Sin embargo, si se encuentra en una industria más utilitaria, un sitio web simple con información que sea rápida de encontrar puede ser más apropiado. ¿Tu empresa tiene una historia que contar? Si este es el caso, un "wireframe" largo ayuda a elaborar su historia. El diseño que escojas ayudará a comunicar su mensaje a los clientes de una manera gráficamente agradable. Desarrollar un "wireframe" con tu equipo de diseño web creará un consenso sobre cómo se verá el proyecto final.

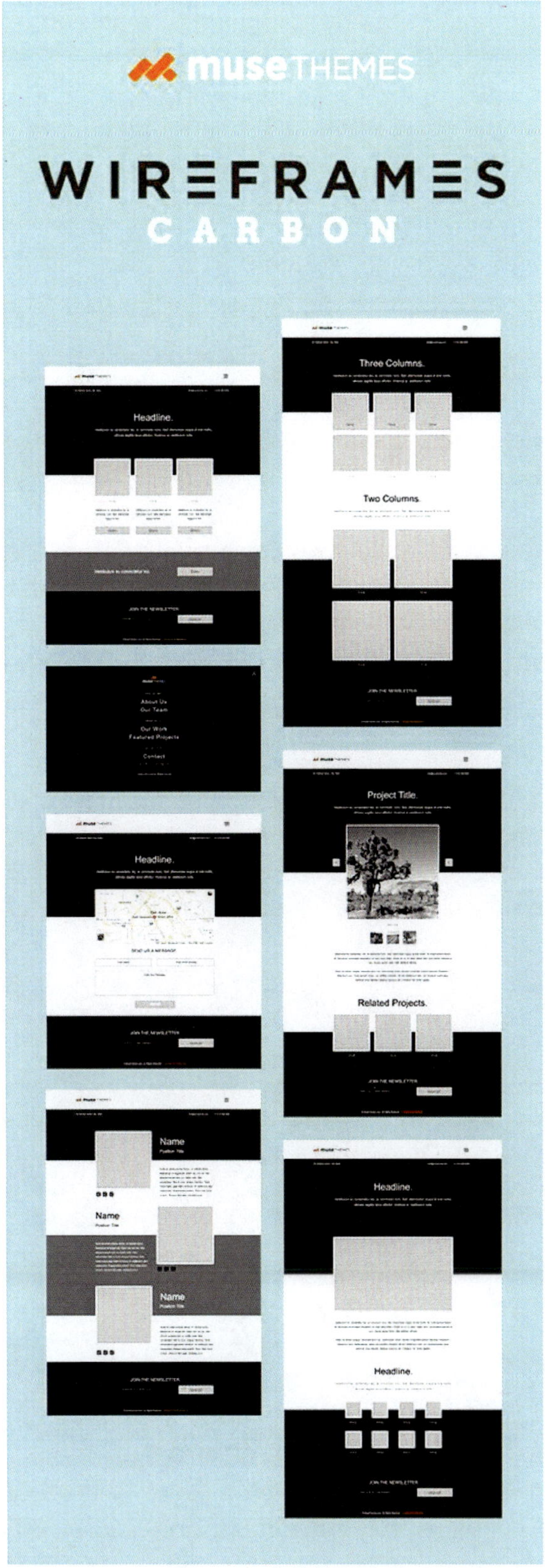

www.muse-themes.com/products/wireframe-pack-4-carbon

SITE MAPS

Crear un mapa del sitio web ayudará a organizar la jerarquía de tus páginas web y también mejorará la optimización de los buscadores. Al crear un mapa del sitio, facilita que los buscadores (ej. Google, Yahoo, Firefox) encuentren tu página web y la indexen. El resultado será que tu sitio web esté mas visible. Para hacer un mapa del sitio, debes decidir cuáles son las páginas web de nivel superior, el contenido de segundo nivel y luego el contenido de tercer nivel. El consenso es que no debe tomar más de 3-clicks para navegar a las páginas de tu sitio web.

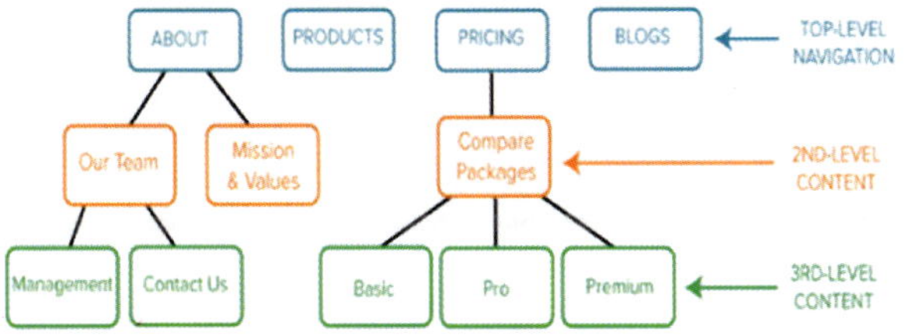

https://www.quicksprout.com/creating-website-sitemap/

La práctica de diseñar su mapa del sitio también puede ayudar a su diseñador web a crear sus páginas web y comprender cómo conectar los enlaces.

Los "sitemaps" siguen un formato y están escritos en lenguaje informático XML. Tener un mapa del sitio te ayuda en SEO.

SSH FILE TRANSFER PROTOCOL (SFTP)

Los sitios web se crean en la computadora del diseñador web fuera del internet (offline) y luego se cargan en el servidor de Internet a través de protocolos de Internet. Toda la creación web y las actualizaciones web deben realizarse localmente y fuera del internet por razones importantes. La primera es que no queremos que nuestros clientes vean una página incompleta en línea. La segunda razón es que necesitas tener una copia en caso de que un malware o un virus dañe tu página web. Al tener el archivo original guardado localmente, no perderás contenido valioso ni avances técnicos.

Una vez que tengas un sitio web finalizado, puede iniciar la carga con un programa SFTP. El programa SFTP establecerá una conexión entre el servidor de alojamiento y tu computadora. SFTP lanzará una serie de protocolos, abrirá un puerto de datos y permitirá la transmisión. Si usa ciberseguridad tal como un firewall o si tiene ciertas configuraciones de red, podría experimentar dificultades para establecer una conexión SFTP.

El protocolo cifrará los datos y los enviará a través de un SSH ("Secure Shell"/Cliente Seguro). El protocolo también autenticara al cliente y al servidor creando una transferencia más segura sin piratas informáticos. Una vez establecida la conexión, se puede mover archivos al servidor web o eliminar archivos del servidor web. Si está utilizando una plantilla web, es posible que deba corregir las permalinks para vincularlo a su dominio, para entonces poder comenzar a funcionar. ¡Un diseñador web puede ser de gran ayuda y un gran alivio de dolores de cabeza en toda la configuración técnica y el mantenimiento necesarios para su página web!

APPLICATION PROGRAMMING INTERFACE (API)

La interfaz de programación de aplicaciones (API/"Application Programing Interphase") está aumentando enormemente la conectividad de Internet al conectar empresas, proveedores y usuarios finales con información y automatización fluidas. Las API son interfaces que levantan un mapa de la información de un programa con otro programa. Permiten que programas completamente diferentes trabajen juntos.

Las API se utilizan comúnmente entre empresas y sus socios comerciales. Un ejemplo común de API son los mapas de Google. Con esta API, puede incluir un mapa con la direccion fisica de tu negocio dentro de tu sitio web. Aunque la aplicación aparece en su sitio web, está siendo impulsada por la aplicación de mapas de Google.

Otro ejemplo común de cómo se utilizan las API se puede ver con las agencias de viajes en línea como Expedia o Travelocity. Estos sitios web se integran con otras compañías de viajes, como aerolíneas, alquiler de automóviles y hoteles, para agregar precios y disponibilidad.

Las API están teniendo un gran impacto en el desarrollo web, lo que permite a las empresas hacer más que nunca. Existen API para conectar dispositivos, operar programas de lejos y proveer acceso a bibliotecas de información. Pero las API más comunes que utilizan los desarrolladores web son las API web. Estas interfaces de programación de aplicaciones utilizan lenguajes de programación y protocolos como HTTP, XML y JSON para comunicarse, definir respuestas y facilitar comunicaciones entre los programas. La perfilación de las API significa una mayor eficiencia para las cadenas de suministro. Las empresas están creando ecosistemas en línea donde los negocios a menudo se automatizan y se logran grandes eficiencias.

Si bien las oportunidades de eficiencia con las API son poderosas, siguen existiendo preocupaciones de ciberseguridad relacionadas con la integración de sistemas informáticos. En particular, la amenaza cibernética es mayor con las API que están disponibles públicamente. Se debe tomar la precaución adecuada al permitir acceso a sus sistemas informáticos.

PLUG-INS

Es posible que se sienta preocupado por la rapidez con la que avanza la tecnología. Pregúntese si tiene las habilidades necesarias para mantenerse al día. Ponerse al día sin embargo es mucho más fácil hoy que nunca. Esto se debe principalmente al uso de "Plug-Ins". No es necesario que sepas escribir código de programación. Puedes utilizar pequeños programas e integrarlos en su sitio web para ampliar la funcionalidad de su sitio web. Los plug-ins son pequeños programas de software que agregan una función a un programa de computadora existente. Probablemente haya utilizado sin pensar mucho en lo que son. Los "plug-ins" comunes como las aplicaciones de multi-media players" y la mayoría de los reproductores multimedia. El apoyo para Plug-Ins está desapareciendo de los navegadores web, pero son bastante frecuentes en Wordpress. En Wordpress encontrarás "plug-ins" fáciles de integrar. Se pueden utilizar para crear hermosas presentaciones de fotos con animación, agregar capacidades de comercio electrónico o añadir un calendario dinámico con sus eventos. La cantidad de complementos y habilidades son amplias.

Wordpress es un programa de código abierto. Esto significa que no es creado por una empresa, sino por una comunidad en línea. Hay personas en todo el mundo que crean "plugins" útiles y los comparten de forma gratuita. Cuando vea un sitio web increíble con muchas funcionalidades, puede ser producido con el uso de plugins. Aunque estos Plug-ins pueden ser útiles, uno debe investigar antes de decidir cuál utilizar. Algunos plugins pueden tener malware que permiten a los piratas informáticos capturar su data. ¡No se desanime! Los plug-ins son más útiles que peligrosos y hay muchos foros y documentación sobre cuáles son confiables.

FORMULARIOS

Unos "plug-in" útiles son los programas que ayudan a crear formularios de contactos. Los formularios de contactos son una forma de recopilar información del cliente para boletines, solicitudes de propuestas o realizar compras. Existe una variedad de aplicaciones en línea para facilitar la creación de formularios. Estas pueden brindarle opciones para facilitar el diseño, así como brindarle una solución para administrar sus contactos y suscriptores.

EXTENSIONES

Al igual que los plug-ins, las extensiones del navegador son pequeños programas que le ayudan a realizar una función. Están integrados en los navegadores de los buscadores, en particular Google Chrome, Firefox, Microsoft Edge, Safari e Internet Explorer. Hay miles de extensiones entre las que puede elegir.

Estos pequeños programas son herramientas valiosas que pueden brindarle una ventaja en los negocios. Hay muchos ejemplos de cómo puedes usar las extensiones para mejorar tu trabajo. Pueden estas incluir un corrector gramatical que te ayude a corregir sin importar en qué red social o sitio web estés. Existen extensiones que pueden ayudarlo a obtener información en otros sitios web. Existen extensiones que pueden ayudarle a crear sus listas de contactos. Puedes adquirir extensiones que ayudan con la organización de campañas en las redes sociales. Literalmente, la cantidad de extensiones de navegador que se están creando para mejorar su experiencia en línea es asombrosa. Lea foros en línea para ver las extensiones de navegador que pueden ayudarlo a obtener una ventaja competitiva en su área de trabajo.

CREAR UNA PÁGINA WEB **CON WORDPRESS**

WORDPRESS APP

La aplicación Wordpress es gratuita y está disponible en línea. Antes de descargar la aplicación, identifique si la empresa del hosting, proporcione la aplicación wordpress dentro de su portal web. Es más fácil de descargar de esta manera. Si estás haciendo una página web fuera de línea, es necesario descargar varias aplicaciones adicionales. Recomiendo XAMMP para convertir su computadora en un servidor local y crear los bases de datos. Wordpress es un programa de gestión de contenido. El contenido se almacena en una base de datos y requiere PHP para funcionar.

PÁGINAS

Cuando estés listo para agregar tu contenido, comienza por organizar las páginas. Wordpress te ofrece muchas opciones para mejorar la experiencia del usuario. Una vez que agregues las páginas, edita cada una con el editor visual de bloques. Agrega bloques de contenido, ya sean texto, imágenes o código. Puedes guardar los cambios y verlos en el navegador en cualquier momento. Esto crea una manera fácil de crear cada página web.

MENÚS

Dentro del menú "Appearence" se encuentra el enlace para generar los menús. El formato de estos depende mucho de la plantilla que seleccionaste previamente. Algunas plantillas tienen un menú y otras tienen más, incluidos menús de 'barra lateral'. Selecciona las páginas que deseas incluir en el menú y wordpress puede generar la barra de navegación con el menú. También existe la opción de tener "menús anidados". Un menú anidado suele parecerse a un menú "desplegable". Cuando el usuario pasa la flecha sobre él, aparecen submenús disponibles para el usuario.

PLANTILLAS

No hay escasez de plantillas disponibles para sitios web de wordpress. Una vez que hayas configurado tu sitio web, navega hasta el menú de apariencia ("Appearances") y luego haz clic en "themes". Puedes explorar la apariencia y las características de las plantillas para que se adapten a tus necesidades. Incluso puedes comenzar a completar el contenido de tu página y luego probar algunos plantillas para ver cuál es el mejor para ti. Las personas que recién inician en el diseño de paginas web disfrutarán usando plantillas de wordpress. Sin embargo, cuanto más avanzado sea en diseño web, más deseará aprender HTML, CSS, Javascript y PHP para poder obtener un mayor control sobre su sitio web. Sin embargo, para la mayoría de los propósitos de un sitio web, una plantilla de Wordpress lo pondrá en funcionamiento rápidamente.

PLUG-INS

Existe una amplia variedad de complementos que puedes utilizar para crear más funciones en tu sitio web. Los complementos más populares incluyen aplicaciones para agregar formularios, crear presentaciones fotográficas; ej. "slideshows, photo carrousels" e incorporar funciones de comercio electrónico. Es una buena práctica comunicarse con una red de personas con experiencia para saber cuáles son las mejores para incorporar en su sitio web. Agregar un complemento es muy simple. Navega hasta el menú "Plug-ins", selecciona "Agregar nuevo" y buscar aplicaciones disponibles. Después de descargarlo en tu sitio web, navega al menú de complementos nuevamente y actívalos. Puedes verlo inmediatamente incluido en el menú de tu panel de control.

META-DATA

Es muy importante editar los metadatos de tu sitio web. Selecciona "Appearences" en el menú principal y luego "Header" en el submenú. Cambia la información en "Site Indentity" para editar el título que los visitantes de la web verán cuando busquen tu página web en los navegadores web.

MEDIA

Wordpress utiliza un almacén de media, que puedes incorporar en tu página web. Asegurate de editar los fotos en un programa de arte gráfica antes de subirlas a wordpress. Recuerda optimizar el tamaño, formato y tipo de archivo antes de subirlo a tu página web. Wordpress no provee las herramientas para editar los fotos, así que si los fotrografías son muy grandes, tu sitio web no funcionara de forma rápida.

POSTS

Wordpress fue diseñada para personas que manejan blogs. Si estas escribiendo un blog, puedes añadirlo como un post. No debes añadirlo como una página web. Esto le dara una funcionalidad diferente. Puedes incorporar enlaces en diferente páginas, y tendría una habilidad más amplia para manejar los comentarios.

WIDGETS

Widgets son pequeñas aplicaciones o porciones de código que puedes añadir a tus páginas para crear efectos interestantes.

COMENTARIOS

En wordpress los visitantes de tu pagina web pueden comentar en tus blogs. El adminstrador del sitio web puede manejar estas conversaciones creando parámetros de por cuánto tiempo está disponible para comentar. Puedes programar palabras que no se pueden usar e, incluso, puedes borrar comentarios. Para obtener aceso a estos ajustes, dirigete a "Settings" en el menú y escoge "Discussion Settings".

PERMALINKS

Uno de los últimos pasos que necesitas hacer, es subir un wordpress a un servidor de hosting que actualice los permalinks. Los permalinks son los URLs de las páginas y posts. Es posible que necesites actualizar el documento "wp-config.php." también. Asegurar que los URL de los bases de datos estén apuntando a tu URL público.

ANALÍTICA

Es interesante ver la cantidad de usuarios que visitan tu página de web. Puedes ver cuánto tiempo permanecieron ahí, cuántas páginas revisaron y cuántas personas entraron y abandonaron rápidamente. Puedes ver el tipo de dispositivo que usaron y los enlaces que ayudaron a generar tráfico a tu página web. Todo esto y más es parte de la analítica.

SEGURIDAD CIBERNÉTICA

A menudo hablamos de los riesgos en línea, pero ¿cuáles son los riesgos reales? ¿Cómo debemos proteger a nuestros negocios? Por ejemplo, ¿cómo protegemos los datos de nuestros clientes? Es posible que los mismos empleados con acceso directo a tu sistema robasen esta información. La separación de funciones y las contraseñas de usuario únicas pueden ayudar a proteger tu información confidencial. También es importante tener una lista de gestiones "IT" para cuando despidas empleados. Debes eliminar su acceso de usuario de todos tus sistemas como parte del proceso de terminación.

La segunda gran amenaza sería el fraude. Esto puede presentarse de muchas formas, desde virus enviados por correo electrónico hacia cuentas falsas. El fraude en Internet más común incluye tarjetas de crédito falsas, identidades falsas y comentarios en foros en línea que son maliciosos. Todos estos pueden ser dañinos para una empresa. La única forma de combatir esto es con la capacitación continua de tu personal para que sepan qué buscar y cómo responder. Lamentablemente, los ataques falsos se pueden utilizar para dañar y chantajear a las empresas. Las personas que participan en estas actividades deben ser informadas a las autoridades para que puedan ser retiradas del mercado. Colaborando con compañías de tarjetas de crédito, adiestrando a sus empleados, e informando a los departamentos de policía, se puede minimizar el fraude cibernético.

CONSIDERA LA POSIBILIDAD DE CREAR UN BOLETÍN MENSUAL PARA EMPLEADOS CON LAS MEJORES PRÁCTICAS PARA LA RESPONSABILIDAD EN INTERNET

- Cómo identificar emails sospechosos.
- Cuál es la debida etiqueta para las redes sociales.
- Cuáles son las mejores prácticas para crear contraseñas seguras.
- Cuando debes cumplir un "Back-Up".
- Cómo protegemos las estaciones de trabajo.
- Cómo podemos identificar tarjeta de crédito false.
- Cómo podemos identificar datos falsos.
- Cuál es el proceso de realizar "updates".
- Cuál es el proceso de bajar programas gratuitos.
- Cuál información es considerada sensitiva.
- Cómo protegemos a nuestros clientes de pérdidas de información fortaleciendo nuestros servicios.
- Cómo podemos proteger nuestros sistemas informáticos.
- Cuáles son las paginas de web prohibidas.
- Cuáles son los dispositivos prohibidos.

CONTENIDO

IDENTIFIQUE SI TIENE LA INFORMACIÓN DISPONIBLE

¿Cuál es el título de tu página? El título aparecerá en la barra de navegación cuando las personas naveguen a tu sitio. Visita tus páginas web favoritas y fíjate en el mensaje que acompaña el resultado de búsqueda. Luego marca con x en las cajas de abajo para asegurar que tienes todos los elementos para una página web atractiva.

LOGO	IMAGEN HERO	TAGLINE

CONTENIDO ESCRITO	TESTIMONIOS	GARANTÍA

LLAMADO A LA ACCIÓN	FREEBIES	FORMULARIOS

COMERCIO ELECTRÓNICO

El comercio electrónico está dominando la economía mundial. El comercio en línea está aumentando debido a la pandemia de 2020. Es importante que las empresas locales tengan presencia en línea y se adapten a los métodos de ventas corrientes. Con esta gran cantidad de comercio electrónico existen consideraciones de seguridad, privacidad, ética y etiqueta. El objetivo de uno siempre debe ser hacer una experiencia excelente y conveniente para nuestros clientes. Las empresas con mucha visibilidad y que sepan utilizar las herramientas de mercadeo disponibles, obtendrán mejores resultados.

- Embudos de Ventas
- Generando Tráfico con Blogs y Email
- Páginas de Destino (Landing Pages)
- Plataformas de E-commerce
- Optimización de Búsquedas (SEO, SEM)
- Herramientas de Mercadeo
- Asesoramiento

CLIC

CLIC

CLIC

CLIC

EMBUDO DE VENTAS

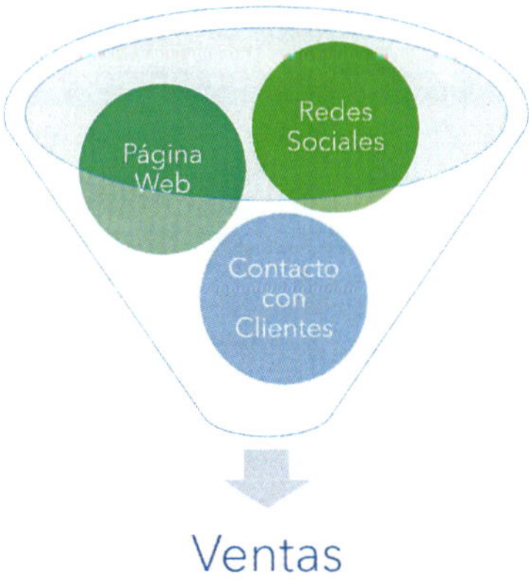

El embudo de ventas son los diferentes pasos por los que pasarán los clientes a medida que interactúan con su negocio y deciden comprarle. Esta estrategia, aplicada al comercio electrónico, te ayudará a optimizar la experiencia online. Empresarios conocedores analizarán los resultados en cada etapa de la experiencia online y optimiza la experiencia en cada etapa, para lograr mayores tasas de éxito en las ventas.

El primer paso es analizar tu embudo de ventas. Es identificar dónde están tus clientes potenciales en línea. La mayoría de las personas encontrarán tu empresa a través de una página de búsqueda (Google, Bing, Yahoo, etc.), redes sociales, o plataformas de comercio electrónico. Desarrollar la parte superior de tu embudo de ventas consiste en interactuar con grupos de clientes potenciales e impulsarlos a tomar una acción. Ya sea para comentar y compartir tu contenido, suscribirse a un boletín informativo, suscribirse a un blog de video o el objetivo final de convertirse en clientes de pago leales que estén enamorados de tu marca y de todo lo que tu empresa representa.

En esta primera etapa del embudo de ventas buscamos estrategias para llegar a nuestros clientes, teniendo en cuenta el panorama competitivo del Internet. Algunas de las acciones en esta etapa incluyen agregar personas a las redes sociales de tu empresa. Otra táctica sería atraer a los clientes potenciales para que se suscriben a boletines informativos por correo electrónico. Algunas empresas animarán a la gente a que le guste y se suscriba a un blog de vídeo en Youtube o Vimeo. Todas son acciones comerciales que pueden impactar tus ventas en el largo plazo. Hay una variedad de formas para establecer esa conexión inicial con tus clientes. Hay que fortalecer enlaces con las páginas más populares con tus clientes ideales.

Los enlaces entre tu página web (o listado de comercio-e) puedan crecer de forma orgánico (ej. SEO) o por publicidad comprada (SEM, CPL, CPA). El crecimiento orgánico es una estrategia que producirá resultados a largo plazo. La publicidad pagada puede generar resultados inmediatos. Es recomendado usar las dos estrategias para mejorar su visibilidad en línea. Una vez que los consumidores hacen un clic y entran en tu página o listado web se convierten en visitantes. La mayoría de los visitantes revisarán las páginas de tus productos y tal vez revisarán un blog. Queremos crear tanto valor como sea posible Podremos demostrar nuestra experiencia y nuestra credibilidad proporcionando información valiosa que les proveemos.

Es importante que su página tenga un llamado a la acción. Podría ser realizar una compra o solicitar una propuesta. Algunas llamadas a acción incluyen descargar una guía con más información, recibir una oferta para algo gratuito o enlaces para videos. Por lo general, la llamada a la acción da como resultado que los clientes completen un formulario. Una vez que un cliente te ha enviado un formulario, avanza en el embudo de ventas desde el visitante de la página web a una solicitud cualificada.

Las empresas deben dar seguimiento a la acción del cliente. Esta respuesta puede incluir una llamada telefónica, un mensaje de correo electrónico o la inclusión en promociones. Las empresas tienen muchos clientes en diferentes fases de la venta. Algunas de estas personas se inscriben para obtener más información, pero no están listos para comprar. Con comunicaciones interesantes y ofertas personalizadas puedes incrementar la confianza de las personas para convertirse en clientes.

Podemos mejorar nuestro embudo de ventas probando el contenido y evaluando la reacción de los clientes en cada paso. Existen muchas herramientas y estrategias, pero una de las más populares es la prueba de división A/B. Con esta técnica, los especialistas en mercadeo dividirán su lista de clientes potenciales en dos listas. Enviarán diferentes promociones a las listas y evaluarán si una promoción tiene una mejor reacción que la otra. Las pruebas de A/B permiten a las empresas mejorar su oferta teniendo en cuenta la percepción de su clientela.

Las campañas de correo electrónico son increíblemente valiosas porque permiten enviar comunicaciones dirigidas a sus diferentes segmentos de mercado. Esto se logra mediante la creación de listas de distribución de correo electrónico. Puedes diseñar una campaña de correo electrónico con una oferta específica para un segmento de mercado específico. Luego, selecciona la lista de clientes que encontrarán interesante esta información.

Cuando importes una lista de contactos para promociones por correo electrónico, limpia las listas de contactos para asegurarte de que los correos electrónicos fraudulentos, duplicados, e inactivos se eliminan. Este proceso se llama "scrubbing". Ocasionalmente, revisa los datos para asegurarte de que no tiene suscriptores maliciosos (como tus competidores). Debes ser selectivo en tu método de envío de campañas de correo electrónico. El uso de un servicio de enviar campañas de email puede vincular tu dirección IP ("IP Address") con la IP de muchas otras campañas. Enviar tu correo electrónico desde una dirección IP de mala reputación podría aumentar sus posibilidades de ser filtrado como spam.

A medida que aumentes su volumen de suscriptores, es posible que debas pensar dos veces sobre cómo enviar miles de correos electrónicos. Será muy laborioso enviar desde una cuenta de usuario personal. Si eliges lanzar una campaña por correo electrónico, es posible que elijas usar un sistema de manejo de contactos (CMS System) que te permitirá enviar correos electrónicos de manera efectiva en volumen. Un buen sistema de manejo de contactos te proporcionará todas las herramientas de análisis de datos y enfocará sus esfuerzos de ventas para ser más eficientes. Recuerda poner todos los emails de los recipientes en bcc: (blind-copy) para proteger las identidades de tus clientes. Las campañas de correo electrónico son económicas y una forma eficaz de mantener el contacto con sus clientes.

¿Qué incentivo está ofreciendo para que sus clientes continúen en su página web?

¿En qué notarían, se concentrarían o incluso recordarían de su email?

TÁCTICAS PARA AUMENTAR TUS CONTACTOS

1. Incluir un formulario en tu página de web principal.
2. Ofrecer un periodo de prueba libre de costo cuando registran.
3. Incluir una opción para registrar cuando estan comprando
4. Ofrecer un descuento cuando te registres.
5. Ofrecer algo libre de costo para impulsar a que se inscriban.
6. Patrocine una asociación y utilice los beneficios de enviar correos electrónicos a sus miembros.
7. Crear acceso limitado a cierto contenido para suscriptores.
8. Solicita que se inscriben para recibir un e-book
9. Coordinar un evento y capturar los emails cuando registran.
10. Conducir llamadas de ventas y pregunta si puede enviar más información por email.
11. Conducir una encuesta y solicitar el email en la encuesta.
12. Incluir enlaces en los videos de youtube.com.
13. Incluir enlaces en los "stories" de Instagram.
14. Incluir enlaces en las comunicaciones de Facebook.
15. Incluir enlaces en las mensajes de Linkedin.
16. Organizar un seminario, y recolectar los emails cuando se registren.
17. Empezar un podcast y solicitar que inscriban.
18. Crear una herramienta y ofrecer gratis cuando se inscriben.
19. Crear un juego y solicitar los emails de los participantes.
20. Crear ofertas especiales solo disponible cuando inscribes.
21. Motivar las personas registrar para dejar comentarios.
22. Crear un blog, y ofrecerlo para personas registradas.
23. Crear una biblioteca de recursos, solo disponible para las personas inscritas.
24. Crear una concurso, e impulsar las personas inscribirse.
25. Crear un reto comunitario y se piden los emails de los participantes.

LANDING PAGES

Una vez que tu cliente esté listo para comprar, hará clic en el enlace que lo dirigirá a su página de destino. Esta es la página que tus clientes utilizarán para comprar tu producto o para solicitar una acción. Esta página web es diferente de todas las demás. Este es el momento de cerrar la venta y algunos elementos clave pueden marcar una gran diferencia en este momento crítico. Para crear una página de destino debes seleccionar el "payment gateway". Este es un servicio para procesar transacciones entre bancos. Requiere un protocolo encriptado para verificar primero que los fondos están disponibles y luego realizar la transacción. Es ideal seleccionar uno que integre fácilmente en tu sitio web. Por ejemplo, Pay Pal es una solución de pago sencilla. Al seleccionar un servicio de pagos debes considerar si realiza transacciones en moneda extranjera, si los bancos de tu cliente se integran con el servicio de pago y por último, qué tan robusta es necesario la plataforma de comercio electrónico. Los servicios de procesamiento de pagos a menudo se agrupan con otras funciones de comercio electrónico. Una vez que hayas establecido la forma como los clientes van a pagar, puedes entonces crear los otros elementos de tu página de destino. El segundo paso es identificar qué información se necesita del cliente. La información básica que debes solicitar es la forma de pago e información de contacto. Otras empresas pueden elegir encuestas demográficas para ayudarles a evaluar mejor las decisiones de mercadeo futuras. Es una regla general limitar la cantidad de campos que solicita al cliente. Demasiados campos harán que los clientes abandonen la transacción. Cuanto menos campos, mayor será la tasa de conversión de ventas. Si tus productos y servicios tienen una gran demanda, podrás capturar más información del cliente. El último paso es crear el diseño. En general, el diseño debe coincidir con la marca o estilos de sus otras comunicaciones. Tu página de destino solo debe tener un enlace a su llamado a la acción. No queremos distraer a nuestros clientes cuando están a punto de cerrar una venta con enlaces a otras páginas. Finalmente incluye declaraciones sólidas sobre los beneficios, confiabilidad y valor para cerrar la venta. Sé estratégico al cerrar la venta, apelando a la emoción de tus clientes en la etapa crítica de realizar la transacción.

HEADER

LA PRIMER PARTE DE LA PÁGINA DEBE TENER EL LOGO, LA IMAGEN "HERO" Y EL NOMBRE DE LA EMPRESA. ESTO AYUDARÁ A QUE LOS CLIENTES RECONOZCAN LA MARCA.

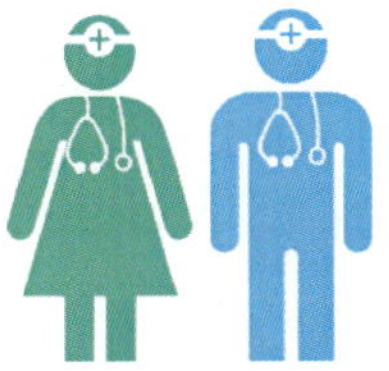

HEADLINE

LA SEGUNDO PARTE TENDRÁ UN "TAG-LINE" . ESTO TE AYUDARÁ A ESTABLECER CREDIBILIDAD DE INMEDIATO.

FORMULARIO

EL FORMULARIO TENDRÁ LOS CAMPOS (FIELDS) QUE SON LOS DATOS QUE ESTARÁS RECOGIENDO PARA CALIFICAR AL CLIENTE Y USAR PARA LUEGO HACER CONTACTO.

SUB-HEADING

USAR ESTA SECCIÓN PARA REFORZAR EL VALOR QUE ESTÁ PROPORCIONANDO. PUEDES ELEGIR ENUMERAR LAS VENTAJAS COMPETITIVAS DEL PRODUCTO, O LAS CARATERISTICAS ATRACTIVAS DE LA OFERTA. CUANDO ESCRIBES ESTE PARTE DEBES CONSIDERAR LAS EMOCIÓNES DE LOS CLIENTES. ¿CUÁL ES LA EMOCION QUE MOTIVARÁ A TU CLIENTE TOMAR ACCIÓN? ASEGÚRATE DE TENER UNA DECLARACIÓN SÓLIDA PARA CERRAR LA VENTA.

SOCIAL PROOF

AGREGA TESTIMONIOS PARA ESTABLECER LA CONFIANZA EN TU PRODUCTO O SERVICIO.
PUEDES OPCIONAR DEMOSTRAR ENDOSOS, GARANTÍAS O ACREDITACIONES. ALGUNAS EMPRESAS OPTARÁN POR LISTAR OTROS CLIENTES DE REPUTACIÓN BUENA QUE CONFÍAN EN ELLOS PARA SER SU PROVEEDOR.

RE-ENFORZAR TU VALOR

REFORZAR TU VALOR ENUMERANDO LOS BENEFICIOS, INCLUIDOS Y CARACTERÍSTICAS QUE TU CLIENTE RECIBIRÁ. PROPORCIONA INFORMACIÓN INTERESANTE QUE MANTENGA A TU CLIENTE COMPROMETIDO.

FOOTER

INCLUIR EL NOMBRE DE LA COMPAÑÍA Y SU LOGO EN EL PARTE BAJA DE LA PÁGINA

PLATAFORMAS DE E- COMERCIO

Las plataformas de comercio electrónico permiten a las empresas crear páginas web con programación robustas. Están optimizadas específicamente para el comercio de productos en línea. Esta programación de la parte interior de la página web incluye herramientas tales como procesar transacciones entre bancos, el control de inventario, el desarrollo de catálogos y páginas de productos, funciones de cupones y descuentos, calculadoras de envío, manejo de contactos y análisis de datos. Además, estas plataformas ayudan a realizar transacciones en dólares y en otros tipos de monedas internacionales. La ventaja de utilizar una plataforma de comercio electrónico es el facilitar la integración de estas herramientas que son probadas y validadas. La mayoría de plataformas de comercio electrónico en el mercado requieren una tarifa de suscripción mensual. Si su empresa se dedica a brindar servicios y realiza negocios con propuestas es posible que no sea necesario un sitio web con las funcionalidades de comercio electrónico. Sin embargo, si vende una variedad de productos que requieren enviar, una plataforma de comercio electrónico puede ser la mejor solución para desarrollar su sitio web.

shopify

stripe

ebay

amazon.com

Magento

WOO COMMERCE

MERCADOS EN LINEA

Siempre estamos buscando sitios web disruptivos, que atraerán a todo el público a tu plataforma en línea y cambiarán la forma de hacer los negocios. Ejemplos de páginas web disruptivas son esas, que revolucionaron la forma en que compramos, comparamos y conducimos negocios. Empresas como Expedia.com, introdujo el concepto de agregar precios de suplidores turísticos en una sola página. Otro "disruptor" fue Tripadvisor, que facilitó la función de retroalimentación de las reseñas. Una vez más, el mundo de los viajes se vio interrumpido con sitios web como Airbnb y Uber. Estas innovaciones crean mercados en línea que conecta a compradores y vendedores con el alquiler de bienes. Páginas de web como Ebay, permiten a las personas comprar y vender todo tipo de mercancías, incluidos artículos usados. Le siguió Amazon.com, que revolucionó el comercio electrónico creando transacciones confiables en línea. Casi siempre son las páginas web las que desarrollan un beneficio innovador para los compradores. Esto resulta en una demanda fuerte. Los empresarios inteligentes utilizan las estadísticas de estas empresas para identificar cuáles son los productos más populares y buscar categorías desatendidas. Los empresarios de e-comerce revisarán las analíticas de ventas y buscarán maneras de mejorar las clasificaciones de sus listados. En el pasado, estos mercados en línea eran salidas donde el inventario en exceso se puede liquidar. Las empresas los usaban para crear la base de ventas para cubrir costos y complementar esos ingresos con fuentes de ingresos más lucrativas. Con los efectos de la pandemia , las empresas están forzadas a conducir más ventas por las plataformas. Esto aumenta la competitividad y puede causar precios estáticos y reducidos. Más competitividad requiere que los comerciantes manejen mejor sus ofertas en línea. Deben enfocarse en impulsar tráfico a sus listados optimizando los algoritmos de búsqueda y dirigiendo otras fuentes de tráficos a sus listados.

SEO - COMO FUNCIONAN LOS ALGORITMOS

Las páginas para búsquedas (Google, Bing, Safari, etc.) utilizan potentes programas diseñados para responder con precisión a las preguntas de las personas. Estos programas se llaman algoritmos y funcionan mediante el lanzamiento de una secuencia de herramientas de búsqueda basadas en muchos criterios distintos. Muchos de los criterios que utilizan para perfeccionar su búsqueda se encuentran en las mejores prácticas de SEO. A medida que las páginas para búsquedas escanean grandes cantidades de datos de Internet, categorizan su contenido y priorizan las fuentes confiables para que puedan satisfacer mejor a las solicitudes de los usuarios.

El proceso empieza con la documentación de los sitios web en un proceso que se llama indexación. En este proceso, la página de búsqueda revisa el sitio web y toma notas de las palabras clave que indican el contenido del sitio web. Utilizan pequeños programas llamados arañas, o "bots". Estos bots revisan sitios web y los indexan y guardan la información en los servidores. A medida que indexan el sitio web, toman notas para poder clasificarlo. Importantes detalles como las palabras clave, el tiempo en descargar y las enlaces que conectan las páginas de web afectan su clasificación. La clasificación puede impactar su visibilidad en línea y las chances que su página de web sale en un resultado de búsqueda. Una vez que el sitio web ha sido indexado, comenzará a ganar su clasificación. Si estás utilizando wordpress, asegúrate de seleccionar "index website". Si estás usando una plataforma de e-comerce con un catálogo de productos y precios que cambian frecuentemente, no es recomendable que indexan esas páginas. Esto puede causar que el usuario vea precios viejos.

Esta clasificación es para asegurar que los sitios web brinden información útil confiable, que satisfaga la búsqueda del usuario. Hay más de 250 criterios que las páginas de búsqueda utilizan para clasificar un sitio web. Los desarrolladores web tienen una buena idea de muchas de las mejores prácticas de SEO que ayudarán a que un sitio web se ubique bien en los resultados de búsqueda en la categoría deseada.

La primera parte del desarrollo de su estrategia de SEO es construir bien su sitio web. Esto significa que antes de comenzar, has pensado cuáles son las palabras clave. Los dueños de negocios deben investigar estas palabras clave y encontrar las más estratégica para su negocio. Esta es una combinación de no solo identificar las palabras naturales que la gente usaría para encontrar sus productos y servicios, sino también cuáles son las palabras que no son sumamente competitivas. Las palabras clave altamente deseables pueden ser tan competitivas que nunca aparecerá en un resultado de búsqueda si basa su estrategia en ellas. También pueden ser vagas. Las palabras clave imprecisas no generarán tráfico local y no generarán una buena conversión de visitantes a clientes de pago. Por eso buscamos esa combinación perfecta de palabras para que su cliente especial, encuentra su sitio web. Estos pueden ser al incluir una región geográfica o al ser más específico con la descripción de sus productos y servicios. Se recomienda que investigues las palabras clave antes de crear tu sitio web utilizando las herramientas disponibles en Google y otras extensiones.

Una vez que tengas una estrategia de cuáles son las palabras clave, agréguese a meta-tags importantes en su página web. Esto incluye el título de tu página web, así como las principales "headers" en su contenido. También querrás utilizar las palabras clave en sus imágenes, videos y enlaces nombres (anchor-tags). Ten en cuenta que querrás que las referencias sean naturales, ya que el relleno de palabras clave no naturales puede hacer que las páginas de búsqueda (Google, Bing, Safari, etc) lo marquen como fraudulento, ¡e incluso desindexe!

SERPS (SEARCH ENGINE RESULTS PAGES)

Las páginas para realizar búsquedas están cambiando y están introduciendo nuevas funciones para responder mejor a las preguntas de los usuarios y, al mismo tiempo, mantenerlos entretenidos. Algunas de estas nuevas características incluyen "snippets" (cuadros cortos de respuestas a preguntas) carruseles de fotos, recomendaciones de resultados similares, paquete local (información para una región geográfica específica) y muchas otras características. Estas nuevas funciones crean oportunidades para obtener más exposición en una página de resultados del motor de búsqueda. Sin embargo, si deseas aprovechar estas nuevas funciones, deberá implementar "Schema" en su página. Schema es una notación de objetos que permite a Google leer mejor su sitio web. El lenguaje de programación de squemas más popular es JSON-LD. Me gusta pensar en ello como una forma de mapear su información con un formato estandarizado de otro programa. En otras palabras, Schema son las etiquetas de datos estructurados. JSON-LD se puede utilizar para configurar estas funciones adicionales y también se puede utilizar para vincular formularios de sitios web con otro software. Al agregar este script adicional en su página web, un motor de búsqueda ("search engine") puede interpretar mejor el contenido y convertirlo en estas características especiales en la página de resultados de búsqueda. No hay obligación de estructurar tu contenido en su diseño web, pero para aquellos que lo hagan, puede ser una ventaja competitiva. Es posible que el script de schema ya esté incluido en las plantillas de páginas de web.

La otra forma de obtener una alta clasificación en los grandes buscadores es tener contenido nuevo. Las empresas que mantienen sus páginas web actualizadas tenderán a tener una mejor clasificación. No es ideal para las clasificaciones crear una página web y luego olvidarse de la página web.

La actualización de tu sitio web le dará puntos extra. Considéralo como cultivarlo y desarrolla una estrategia para realizar mejores. Al dedicar tiempo a su sitio web, ya sean mejores imágenes, un nuevo blog o una nueva función. Los algorithmos en las grandes paginas de búsquedas lo recompensará con una clasificación más alta.

El paso próximo es mejorar la clasificación de la página web con enlaces. Hay dos tipos de enlaces. Existens enlaces en la página de web que conectan sus paginas internas. También existen enlaces entre las páginas web. externas. Los enlaces entre las páginas externas y tu página web se conocen como "backlinks". Cuando alguien enlaza tu sitio web, es lo mismo que obtener una referencia positiva. Los buscadores (ej. Google, Safari, Firefox, etc.) creen que si otros sitios web están vinculados al suyo, esto es una indicación de que su sitio web es una fuente de información confiable. Se sienten seguros mostrando su empresa, porque ha demostrado ser un sitio confiable para otras personas. La obtención gradual de backlinks mejorará su tráfico.

PUEDES AUMENTAR LOS ENLACES QUE DIRIGEN TRÁFICO A TU PÁGINA

- **DESARROLLANDO COMUNICADOS DE PRENSA.**
- **RECIBIENDO RECOMENDACIONES DE CLIENTES Y AFILIADOS.**
- **PARTICIPANDO EN GRUPOS SOCIALES EN SU COMUNIDAD.**
- **AUSPICIANDO ACTIVIDADES Y ASOCIACIONES.**

Hay algunas prácticas que los motores de búsqueda desaprueban y que pueden disminuir su clasificación. Esto es mediante la creación de "backlinks" fraudulentos o "backlinks" no naturales. Por ejemplo, participar en intercambios de enlaces, donde se enlazan mutuamente a la página de los demás. Esta práctica no resultará en mucha mejora. Además, proporcionar muchos enlaces de usted mismo a su página web tampoco mejorará su clasificación. Por ejemplo, si te encuentra en otras plataformas con la lista de su empresa y luego enlaza a su sitio web, esto equivale a recomendarse a sí mismo como la mejor opción. No necesariamente dará como resultado mejores resultados de SEO.

SEARCH ENGINE MARKETING (SEM)

SEM es un acrónimo de marketing en buscadores. Si bien el SEO en su mayoría son tácticas gratuitas que pueden mejorar tu visibilidad en línea y resultar en más ventas a largo plazo. SEM también puede brindarle resultados de ventas, especialmente si necesita generar resultados a corto plazo. Pero las campañas de SEM tienen un costo.

SEM son anuncios por los que paga para aparecer en los resultados de búsquedas o en páginas de web con contenido apropiado para su anuncio en la forma de "banner ads". Pueden ser una parte clave para dirigir a los visitantes de la web en su embudo de ventas, ayudar a crear listas de contactos, impulsar solicitudes de propuestas, impulsar llamadas a su negocio, visitas, y realizar ventas. La práctica de SEM y las oportunidades de marketing disponibles están creciendo y diversificándose. A continuación, se muestran algunos ejemplos que se pueden implementar fácilmente en su negocio.

ENLACES PATROCINADOS

Hay dos formas principales de promocionar en las principales páginas de búsqueda; los más reconocidos son los anuncios patrocinados en la página de resultados de búsqueda. Las empresas pueden utilizar el servicio "Google Ads" o "Bing Ads" y desarrollar campañas para que aparezcan en las páginas cuando un usuario busca una palabra clave. El precio de este servicio puede aumentar si las palabras clave son muy populares con un gran volumen. Son precios dinámicos basado en subastas. Los empresarios pagan por clic (PPC) Esto significa que cada vez que un usuario realiza un clic en su enlace se genera un costo.

La otra forma de promocionar en buscadores es agregar anuncios en sitios web que generan tráfico en torno a palabras clave. Los profesionales de mercadeo argumentaron que tener su anuncio dentro de un sitio web que es relevante para su negocio parece más natural que un enlace patrocinado en la página principal de resultados de búsqueda. Estas campañas también se basan en la subasta de palabras claves y PPC (paga por clic).

En algunos casos también puedes opcionar por CPM (Costo por Mille) donde se cobran por cada 1,000 personas que vean el anuncio. En general, la ventaja del "Search Engine Marketing" es que puedes crear una campaña dirigida directamente a tu perfil de cliente. La campaña generalmente tiene un filtro geográfico y también se puede diseñar para generar clics, impulsar que el usuario tome una acción (CPA) impulsar llamadas telefónicas a su empresa o incluso tráfico a su ubicación física. El marketing SEM produce datos útiles que los empresarios pueden utilizar para mejorar su campaña y sus resultados. La mejor parte de SEM y quizá lo que atrae a muchas pequeñas empresas, es que puede establecer su presupuesto. No necesita un gran presupuesto para comenzar a publicar anuncios en los motores de búsqueda. Sin embargo, las pequeñas empresas deben conocer bien el valor de un cliente potencial calificado ("lead") y el costo de generar ese cliente potencial. Este cálculo se puede lograr fácilmente mirando cuánto costó la campaña y dividirlo por los solicitudes calificadas realizadas por la campaña. No todos los clientes potenciales se convertirán en ventas y el gerente de ventas debe desarrollar objetivos en torno a las tasas de conversión. Conocer esta información y tener objetivos realistas será fundamental para tener éxito en este tipo de marketing o adaptar la campaña para mejorar los resultados.

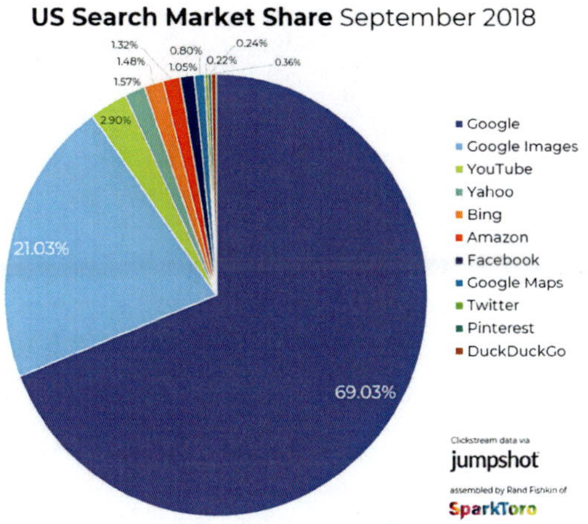

https://sparktoro.com/blog/2018-search-market-share-myths-vs-realities-of-google-bing-amazon-facebook-duckduckgo-more/

AUDITORÍA

TEN EN CUENTA ESTOS DETALLES SOBRE EL CONSUMIDOR Y LUEGO AUDITA TU SITIO WEB PARA VER SI ESTÁ OPTIMIZADO.

Lee las preguntas a continuación y busca las herramientas para auditar tu sitio web.

1. ¿Están funcionando todas las enlaces en mi sitio web?
2. ¿Cuál es la velocidad de carga de las páginas web?
3. ¿Es compatible con dispositivos móviles?
4. ¿Cómo se ve en diferentes navegadores y dispositivos?
5. ¿Mi página web está indexada y, de ser así, qué está indexada?
6. ¿Mi página web utilice palabras claves y estratégicas en los titulos ("headings")?
7. ¿Cuales son las herramientas en línea que puede ayudar con este objetivo?
8. ¿Están optimizados el título y las meta-tags de mi página web?

¿CUÁL SERÁ TU EMBUDO DE VENTAS?

9 ¿Dónde están mis clientes en línea cuando más están pensando en mi producto? (ej. buscadores como google, redes sociales, o páginas de web populares)

10 ¿Qué cualidades y funcionalidad debe tener mi sitio web para inspirar a mis clientes a realizar las acciones deseadas?

11 ¿Qué tipo de aplicaciones de comercio electrónico pueden ser útiles en mi negocio para realizar ventas y manejar los ordenes?

12 ¿Cuál es la información que necesita del cliente para determinar si el cliente es un comprador cualificado?

13 ¿Cuál será la mejor manera de mantenerme en comunicación con mis clientes?

14 ¿Cómo puede aumentar la lista de contactos? ¿Cuáles serán las tácticas que utilizaré?

15 ¿Cómo puedo utilizar los sistemas de manejo de contactos para mantenerme en contacto con mis clientes y recompensarlos por su fidelidad?

16 ¿Cuál será mi estrategia para desarrollar "backlinks" en mi página web? ¿Quiénes son los escritores y páginas web influyentes que ayudará en esta labor?

REDES SOCIALES

MÉTRICAS DE ÉXITO

REDES PLAYBOOK

DESARROLLO DE CONTENIDO

HERRAMIENTAS AVANZADAS

Hemos disfrutado dos décadas con los avances de las redes sociales. Las primeras aplicaciones comenzaron en las universidades a principios de los 2000 incluyendo a Facebook que se creó en 2002. Ahora existen mejores prácticas para lanzar campañas en las redes sociales, por lo que se pueden evitar algunos de los errores del pasado. Otra gran implicación es que son cada vez más competitivas. Por lo tanto, el uso de técnicas avanzadas con una estrategia bien formulada es esencial para maximizar su inversión publicitaria. Las discusiones sobre la privacidad y los privilegios de data están incrementando y eso va a tener un efecto sobre las mejores prácticas de este medio.

En tiempos recientes, estamos viendo un crecimiento inmenso de usuarios nuevos en las redes sociales. Estamos viendo todas las generaciones participando impulsado por la pandemia. Además, están saliendo emocionantes formas de conectarnos con nuestros clientes como la realidad aumentada y otras aplicaciones interactivas. Las empresas que presentan campañas de publicidad que despierten curiosidad, que escuchan a sus clientes y implementan campañas divertidas podrán conectarse mejor con sus clientes.

MÉTRICAS

Una de las principales lecciones que los especialistas en mercadeo han aprendido es establecer metas adecuadas. Buscar objetivos que aumenten las ganancias del negocio y evita las "métricas de vanidad" como cuántos "me gusta" recibió tu publicación. Las impresiones significan la cantidad de veces que se mostró tu anuncio; el alcance es la cantidad de personas que vieron tu anuncio. Es importante prestar atención a estos atributos para que una campaña sea efectiva. Pero no elegirlos como sus principales indicadores clave de rendimiento, ya que lo más probable es que no implican directamente aumentos en sus ventas y ganancias. Lo que más afectará tus ventas es la motivación de los usuarios a visitar sus páginas de destino ("landing pages y web pages") y realizar una compra. Considere lo siguiente, con un amplio presupuesto se puede lograr un gran alcance. Pero este número no implica necesariamente más ventas o suscriptores.

Las campañas sociales son parte del embudo de ventas para desarrollar la cartera de clientes. Crean conciencia sobre la marca de tu empresa y atraen clientes potenciales. Ayudan a evaluar las opiniones y tendencias culturales que afectan tu negocio. También ayudan a responder a las inquietudes de tus clientes y a recompensar a los clientes más leales.

Es innegable que, en nuestro competitivo entorno, las redes sociales son una parte importante de las promociones. Sin embargo, lo que se debe evitar es la selección de imágenes e ideas sin la coordinación del mensaje y el propósito de la campaña en su totalidad. Esta puede ser la forma en que administras tus cuentas de redes sociales personales, pero ejecutar una campaña de mercadeo en las redes sociales requiere planificación, análisis, comprobación y adaptación para que sea eficaz. Es imperativo tener metas claras y una estrategia tal como evaluar los resultados y determinar si una campaña brindó resultados.

Se estima que una persona tiene que ver un anuncio 7 veces antes de tomarse el tiempo para leerlo o mirarlo. Es por eso que la planificación es tan importante y se debe evitar la publicación aleatoria de fotos y ofertas.

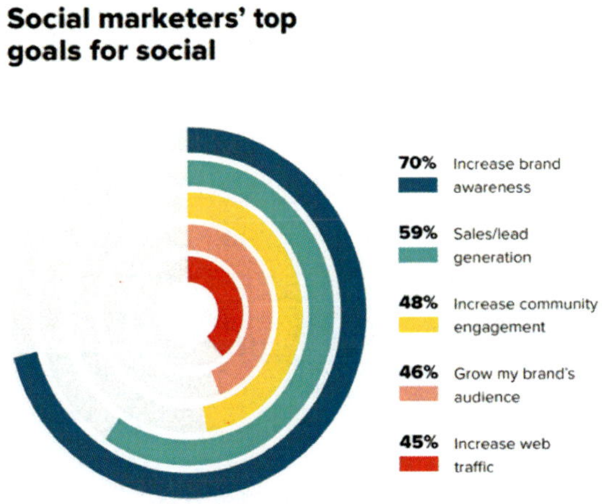

https://sproutsocial.com/insights/social-media-goals/

Los gastos de publicidad en redes sociales pueden acumularse rápidamente. Por lo tanto, asegurarse de tener una oferta atractiva con páginas de destino bien diseñadas es crucial. La otra consideración es por cuánto tiempo ejecutará la campaña, cuando ejecutarla y cuánto estás dispuesto a invertir para obtener el alcance necesario.

MÉTRICAS PARA MEDIR ÉXITO EN LAS CAMPAÑAS DE REDES SOCIALES

ALCANCE
(VISTAS DE PUBLICACIÓNES / SEGUIDORES) X 100

AMPLIFICACIÓN
(COMPARTES / SEGUIDORES) X 100

TASA DE CONVERSIÓN
(CONVERSIONES / CLICKS) X 100

TASA DE VIRALIDAD
(COMPARTES / IMPRESSIONES) X 100

COSTO POR SOLICITUD (CPL)
(COSTO / SOLICITUDES) X 100

COSTO POR CLIC (CPC)
(COSTO / CLICKS TOTAL) X 100

REDES SOCIALES "PLAY BOOK"

Antes de comenzar a publicar en las redes sociales, intenta escuchar. Lo que hace que las redes sociales sean tan atractivas es la capacidad de recibir comentarios de tus clientes. En un mundo donde pronosticar las tendencias de nuestros clientes es solo poder escuchar lo que los clientes tienen que decir puede ser de gran ayuda. Con los comentarios de los clientes las empresas pueden crear productos, servicios, ofertas y campañas de publicidad que crean resultados positivos. Un excelente ejemplo de esto se documentó en una encuesta realizada por la empresa, Hootsuite. Se les preguntó a los profesionales de mercadeo sobre sus estrategias promocionales durante la aparición de COVID-19. Las empresas que lanzaron rápidamente campañas de publicidad, resultaron ser menos efectivas que las empresas que esperaron a escuchar el diálogo del público antes de formular sus comunicaciones. Los consumidores querían saber cómo sus empresas favoritas intentaban manejar la crisis. Pero las comunicaciones prematuras parecían insensibles y no lograban desarrollar el tono y el mensaje correcto. Muchas empresas esperaron meses después de los cierres iniciales y pudieron desarrollar un mensaje sensible. Estas empresas implementaron cambios que fueron mejor recibidos por el público. En el caso de utilizar una estrategia de "escucha activa" para sus comunicaciones puede proporcionar información valiosa sobre los gustos y opiniones de los consumidores. El resultado son ofertas que se adaptan mejor a las solicitudes de sus clientes.

ORGÁNICO VS. PAGADO

Hay dos formas de publicidad en las redes sociales, publicidad orgánica y de pago. Hay una buena cantidad de publicidad que puedes hacer sin costo. Puede crear un perfil de empresa u organización. Puede invitar a sus contactos a seguir este perfil y puede publicar de forma gratuita. Las redes sociales orgánicas son una excelente manera de mantenerse en contacto con sus seguidores y comprender a sus seguidores más leales. Las publicaciones orgánicas en las redes sociales son leídas por sus seguidores actuales y también a veces por los amigos de estas personas cuando comparten esa publicación. Si utilizas un hashtag (#), es posible que lo vean personas adicionales que sigan ese hashtag.

Sin embargo, es poco probable que puedas atraer a muchos seguidores nuevos y entonces el alcance de tus campañas será limitado. Esto se debe a que los algoritmos y la alta competencia en las redes sociales. Es entonces poco probable que personas ajenas a tu red vean estas publicaciones. Por lo tanto, las redes sociales orgánicas no son la mejor estrategia para atraer clientes nuevos.

Aunque las publicaciones orgánicas tienen sus limitaciones. Esto es una excelente manera de estar frente a tus clientes y probar ideas para una campaña más amplia. Si analizamos quiénes son tus seguidores más activos puedes desarrollar el perfil del cliente para tu campaña de publicidad pagada. Puedes probar promociones, ofertas y anuncios en medios orgánicos sin costo alguno. Si tienes una publicación que tenga un buen desempeño y obtiene buenas reacciones, puedes considerar entonces impulsar con la publicidad pagada. Las campañas pagas son para aquellas publicaciones que te ayudarán a alcanzar sus objetivos comerciales claves. Ya sea que tus objetivos sean atraer nuevos clientes, realizar ventas, dirigir tráfico a sus páginas web u obtener más solicitudes de propuestas. Pero si necesitas publicar noticias generales sobre la compañía es posible que una campana orgánica sea suficiente. Prueba las reacciones con su audiencia orgánica y luego aumente el alcance de su campaña con publicidad paga solamente para las publicaciones conectadas con sus objetivos comerciales. Las campañas publicitarias pagadas se basan en el costo por clic. Los precios fluctúan según la demanda y otros parámetros. Una vez que complete su campaña, use las herramientas de análisis de datos para calcular cuál fue el precio por solicitud cualificada. Obtenga una comprensión de cuál fue su alcance y de cuántos visitantes se convirtieron en clientes. Las campañas estratégicas, bien probadas y bien ejecutadas le permitirán ahorrar dinero a largo plazo.

Según un estudio de WordStream, las publicaciones en Twitter que utilizan emojis aumentan la interacción un 25% en comparación con los tweets que no tienen emojis. En Facebook las publicaciones con emojis son 33% más probable de ser compartidas y las interacciones en este estudio aumentaron 57%.

CONTENIDO VIRAL

¿Qué hace que una publicación se vuelva viral? Muchos dirían que una fuerte provocación emocional es lo que hace que las publicaciones virales sean tan exitosas. Pero es más de eso. El concepto del valor social es la idea de que las personas desean compartir contenido que creen que se considerará valioso. Cuando el contenido proporciona una provocación emocional, las personas sienten ganas de compartir el contenido. Si la información tiene la aprobación de sus amigos, esto significa que otros también han compartido la información y existe una mayor probabilidad de que el contenido se vuelva viral. Esto se llama la prueba social. Crear contenido bien producido no es suficiente para que el contenido se vuelva viral. Debe tener valor social, prueba social y provocaciones emocionales para despegar. Estudios demuestran que mensajes emocionales, los que crean sentimientos de admiración, inspiración, o curiosidad lucen mejor. Los consumidores prestan más atención cuando su mensaje está en el formato de una historia narrativa. Este formato es más fácil de recordar para las personas y atrae más que enumerar los beneficios de un producto en una oferta transaccional. Crear una publicidad que desarrolla fuertes sentimientos de curiosidad, misterio, sorpresa, inspiración y asombro aumentara tus chances que se vuelvan virales.

CONTENIDO GENERADO POR EL USUARIO

Si la publicidad viral se considera una de las publicaciones más valiosas, el contenido generado por el usuario estaría en un segundo lugar. El contenido generado por el usuario son publicaciones creadas por los consumidores, no por la empresa. Son tan valiosos, porque son más creíbles para otros consumidores, que las afirmaciones hechas por la empresa. Las empresas pueden motivar a los usuarios a generar contenido atractivo para su empresa de varias formas. Pueden promover conversaciones vía "hashtags", eventos y ofertas especiales. Una empresa que está interesada en fomentar el contenido generado por el usuario (UGC), debe comenzar observando lo que los usuarios publican orgánicamente.

Luego selecciona un "hashtag" atractivo para la campaña. que esté centrado en el cliente o en la comunidad. Motive a los usuarios a usar el "hashtag" con letreros en su tienda, menciones en su sitio web y en las redes sociales. Además, las campañas de contenido generado por el usuario deben ir acompañadas con unas instrucciones para fomentar el respeto en las redes. Informa a los usuarios cómo se utilizará el contenido y qué tipo de contenido es apropiado. Da crédito a los usuarios por su contenido al compartir y siempre pídeles permiso para compartir. Encuentra formas creativas de animar a los usuarios a crear contenido ya sea un concurso, un reto, un descuento o un obsequio premium. Lo más importante es animar a los usuarios a crear publicaciones auténticas, que siempre son más interesantes.

¿Quién comparte contenido de forma orgánica sobre su empresa? ¿Qué se dice?

¿Este contenido se comparte en un momento específico, como un día feriado o durante una temporada específica?

¿Qué conversaciones se están manteniendo en torno a las redes sociales de su competencia?

¿Qué formato de publicaciones son los más comunes?, ¿fotos o vídeos?

¿Están personas que actúan como personas influyentes en tu red social?

¿Están ocurriendo conversaciones parecidas a su campaña en #hashtags populares?

TÁCTICAS

1. SELECCIONA EL RED

¿Cuál red será la mejor para tu campaña? Querrás cultivar seguimiento de diferentes medios y observar cuales son los tipos de suscriptores y sus tendencias culturales. Después de la observación, puede elegir el medio que sea más apropiado para su campaña actual. Escriba qué medio utiliza y por qué cree que esta es la mejor opción.

2. AUDITANDO LA AUDENCIA

Si ya has estado participando en las redes sociales, haz una auditoría de los resultados que has obtenido hasta ahora. ¿Quién está en tu red? ¿Sobre qué publican? ¿Han interactuado con sus redes sociales en el pasado y qué fue lo que les llamó la atención? Una vez que haya realizado esta auditoría, debería proporcionarle una mejor idea de qué tipo de campaña podría ser la más adecuada. Toma un momento para observar su red social, y escribir sus observaciones.

3. SELECCIONANDO EL FORMATO

Hay muchos tipos de medios que podemos publicar desde blogs, fotos, gráficas, anuncios y videos. Estos diferentes medios cuestan diferentes cantidades de tiempo y dinero para producir. Para tener éxito, necesitarás las promociones adecuadas, que se ajusten al medio y al público. Es recomendable empezar con publicaciones simples y calibrar la interacción. Una vez que pruebes su contenido, puedes invertir en una producción más costosa. Considere escribir un blog primero, para ver si el tema es de interés para su audiencia antes de producir un video o seminario web.

4. DECIDIENDO LA FRECUENCIA

¿Con qué frecuencia publicarás? Frecuencia diaria, semanal, mensual u otra. La decisión dependerá del presupuesto que tenga disponible, así como de su posición única en el mercado. Si descubres que tiene una alta tasa de cancelación de suscripciones, es posible que estés publicando más de lo que es necesario.

HERRAMIENTAS
AVANZADAS

Existe una variedad de aplicaciones para manejar sus campañas en las redes sociales. La proliferación de poderosas herramientas de mercadeo está en aumento con interesantes aplicaciones que ayudara ganar una ventaje competitiva.

PUBLICIDAD AUTOMATIZADA

Existe una variedad de aplicaciones que lo ayudarán a programar las publicaciones de su campaña y luego automatizar las publicaciones. Estas aplicaciones también pueden ayudar a seleccionar contenido analizando las preferencias de sus clientes, y cultivar contenido usando aplicaciones similares a "RSS feeds".

SEGUIMIENTO DE COMENTARIOS

Las herramientas avanzadas de redes sociales pueden monitorear los comentarios en las redes sociales. Si un cliente hace un comentario negativo sobre una empresa, se le puede alertar para que haga una declaración pública. Estas herramientas también se pueden utilizar para medir el compromiso y ayudar a los administradores de campañas a responder a los seguidores y promover conversaciones.

INTELIGENCIA ARTIFICIAL

Las aplicaciones del aprendizaje automático aumentan cada día. Estas aplicaciones pueden ayudarle a seleccionar contenido para asegurarse de que su empresa publique contenido interesante de manera constante. Pueden ayudar a identificar qué contenido es más relevante para sus seguidores e incluso automatizar la identificación de clientes que corresponden con su perfil de cliente, interactuando con ellos con la esperanza de que sigan su marca. Desde los "chat boxes" hasta análisis de datos, estas herramientas avanzadas son poderosas y proliferan.

DETECCIÓN DE FRAUDES

Generar negocio en línea es un gran negocio por el cual las empresas pagan. Existen incentivos para que las personas falsifiquen sus resultados de mercadeo creando perfiles falsos de clientes. Con frecuencia hacen esto cuando se les paga por cada cliente potencial calificado. Los empleados bajo presión por resultados también podrían falsificar resultados. Existe una variedad de razones por las que existen perfiles fraudulentos en las redes sociales, pero también hay aplicaciones para remediar. El software de fraude verifica correos electrónicos, números de teléfono, direcciones IP y más.

DATOS DE PARTICIPACIÓN

Los profesionales de ventas y mercadeo necesitan informar a los ejecutivos sobre los resultados de las campañas y justificar la inversión. Las herramientas avanzadas de redes sociales pueden proporcionar muchos de los datos necesarios para estos cálculos. Esto incluye cuántas impresiones, clics, clientes potenciales, suscriptores y clientes convertidos se generaron a partir de las campañas. También pueden demostrar qué red social fue la más efectiva y de cual campaña resultó la venta. Además puede identificar los demográficos de los participantes y planificar cómo lanzar campañas más efectivas.

IDEAS PARA TU CAMPAÑA

HECHO INTERESANTE

Comparte un detalle interesante de su marca, por ejemplo la historia, cultura, o las cualidades unicas.

PREGUNTA AL PUBLICO

Empieza una conversación con tu audencia o impulsar que interactuan.

CONSEJOS

Provee sugerencias para mejorar los resultados de sus clientes.

CUENTO CON FOTO

Demonstrar la esencia de tu marca con un cuento acompañado con una foto interesante.

BLOG

Escribir un ensayo con un tema de interés para sus subscritores con enlaces de las redes a su pagina web.

DETRAS DE TODO

Demuestre información de interés sobre cómo tu empresa produce los productos y servicios.

ENCUESTAS

Invitar a tus subscritores a participar en una encuesta y luego proveer los resultados.

WEBINAR

Inivtar a tus clientes y subscritores participar en un evento en linea.

RETO

Motivar a tus clientes con un reto interesante.

ANUNCIO

Anunciar una venta u otra actividad especial.

INFORMACIÓN TÉCNICA

Proporcione información relacionada con la operación, mantenimiento y uso de sus productos y servicios.

PRENSA

Avisar sus clientes de las noticias más recientes sobre su negocio..

INSPIRACIÓN

Conectar con tu audiencia con un dicho inspiracional o motivacional.

PROMOCION DE SERVICIOS

Comunicar una oferta especial por un tiempo limitado.

VIDEO DE ADIESTRAMIENTO

Demuestra información sobre tu producto con un video informativo.

OFERTA GRATIS

Proveer algo libre de costo, como una herramienta o recurso que los suscritores puedan bajar del internet.

PROMO PARA SOCIOS

Proveer aceso a algo especial solo para subscritores. Esto puede incluir recursos que puedan usar para lograr su prosito.

ESTUDIO

Publicar un estudio con casos ejemplares que pueden beneficiar a sus clientes.

CONCURSO

Invitar a tus subscritores disfrutar de un concurso divertido. Es una buena oportunidad de promover su marca

TESTIMONIAL

Comparte el testimonio de clientes sobre la experiencia positiva que tuvieron recientemente

FOTOS DE LOS PRODUCTOS

Demuestra fotos de sus productos con un llamada para tomar acción.

CELEBRACION

Envía mensajes para celebrar las días feriados. Considera un mensaje personalizado.

NOTICIA

Agregue valor a su audiencia compartiendo noticias relevantes.

MEME

Entretenga a tu audiencia con una broma divertida e ingeniosa.

ENDOSO

Identifique a una persona de influencia y celebre un acuerdo para respaldar públicamente su producto

ENTREVISTA

Publica un video corto con una entrevista entre un representante de la empresa y un experto.

iNFOGRAFIC

Proporciona información interesante en el formato de un gráfico llamativo.

MOTIVACIÓN

PROGRAMA DE VENTAS

INCENTIVOS

EQUIPOS REMOTOS

CAMPAÑAS TELEFÓNICAS

TÉCNICAS DE VENTAS

No importa cuán poderosa sea tu capacidad para generar solicitudes, las labores de capacitar y motivar a tus empleados puede ser la tarea más importante para lograr ventas. Estas gestiones requieren que los líderes sean creativos, enérgicos y coherentes en sus esfuerzos. Retener empleados de calidad requiere adiestramiento, motivación, mentoría e incentivos efectivos. Para mantener la energía y lograr resultados deseados se necesita un plan a largo plazo. La planificación necesaria es muy similar a la que se planificaría para una campaña de mercadeo exitosa. Se requiere planificación, estrategia y entender las motivaciones de los empleados. Además, requiere definir los objetivos, desarrollar métricas de desempeño y desarrollar programas de capacitación. Los gerentes deben implementar tácticas y conducir análisis de desempeño con retroalimentación a los vendedores. Vamos a mirar una variedad de prácticas utilizadas para desarrollar un equipo de ventas. En este capítulo exploramos soluciones creativas para mantener alto el nivel de energía y lograr el éxito.

MOTIVANDO EQUIPOS DE VENTAS

Existen grandes retos para lograr un alto rendimiento de los departamentos de ventas. Muchos profesionales de ventas reciben una compensación basada en comisiones. Sin una motivación, mentoría e incentivos constantes estos empleados pueden desertar a otras empresas con mucha frecuencia.

Muchos gerentes de ventas también tienen sus cuotas de ventas, lo que significa que tienen una gran carga de trabajo. Su puesto les obliga a cerrar grandes negocios, manejar tareas administrativas y reuniones ejecutivas. Todo mientras entrenan, motivan y discípulan a los empleados. No es inusual que un gerente de ventas se sienta abrumado. La planificación de un programa de ventas realmente puede aliviar la carga de los gerentes de ventas al proporcionarles una estructura que les permita entregar fácilmente la motivación, la capacitación, el entrenamiento y los incentivos necesarios en un formato creativo y divertido. Esto ayudará a mantener altos niveles de productividad.

Además de estos retos típicos en los departamentos de ventas, la profesión de ventas está evolucionando rápidamente debido a la pandemia. Muchas técnicas de los profesionales de ventas experimentados ya no son efectivas. Por ejemplo, si su principal fuente de nuevos clientes se obtiene a través de eventos sociales, es posible que tengan dificultades para lograr los mismos resultados en "webinars".

Más importante, las ventas están cada vez más influenciadas por la tecnología. Los profesionales de ventas que carecen de conocimientos en mercadeo digital se encuentran en una gran desventaja.

Los nuevos retos de liderar equipos de ventas en un ambiente virtual y remoto llevan a todos estos desafíos hacia su cima. Los gerentes de ventas deberán implementar las mejores prácticas para administrar equipos remotos, asegurarse de que la información necesaria llegue a su equipo y poder detectar problemas con sus empleados a pesar de no verlos físicamente durante largos períodos de tiempo. Podemos añadir el aumento de empleados que provienen de otras industrias post-pandemia. La incorporación de nuevos empleados al campo de ventas requiere una formación adecuada que resultará en una mejor productividad y menor rotación de empleados. Incluso para las empresas establecidas, actividades nuevas, creativas y divertidas pueden energizar el departamento para lograr sus metas. Implementando buenas y nuevas prácticas de ventas también se pueden mejorar los resultados. Finalmente, el uso de herramientas nuevas en línea puede aumentar la productividad y los resultados del equipo.

LA ECONOMÍA POST-COVID PRESENTA NUEVOS RETOS PARA LOS GERENTES DE VENTAS. NECESITAN ADMINISTRAR EQUIPOS REMOTOS IMPLEMENTANDO NUEVAS TÉCNICAS DE VENTAS DIGITALES.

PROGRAMA DE VENTAS

Una de las principales decisiones para la gerencia es cuánta información se debe proporcionar a sus empleados. El personal de ventas puede cambiar de trabajo fácilmente y cuando lo hace pueden llevarse información de los clientes y un valioso adiestramiento. A pesar de esto, una empresa simplemente no puede crecer y mantener a sus empleados motivados cuando sus líderes los mantienen en la oscuridad. Puede ser muy difícil para los gerentes poder saber qué información pueden compartir y qué información no se debe compartir. Los ejecutivos de la compañía deben proporcionar directivas precisas sobre cuál información es confidencial. Sin embargo, la información que recomiendo ser compartida son aquellas sobre las expectativas de los ingresos y el presupuesto del departamento. Los empleados necesitan saber si les está yendo bien o si tienen un rendimiento bajo. Lamentablemente el desempeño financiero generalmente no se comparte con los empleados. Esto da como resultado empleados que no son conscientes sobre las iniciativas para el ahorro de los costos. Lo que puede resultar en iniciativas de ventas menos ambiciosas, e incluso puede resultar en la restarle importancia a servir y retener a los clientes.

LAS EMPRESAS QUE NO COMUNICAN LAS EXPECTATIVAS FINANCIERAS A SUS EMPLEADOS PUEDEN EXPERIMENTAR DESCUIDOS EN LOS GASTOS, EN RETENCIÓN DE CLIENTES Y UN BAJO RENDIMIENTO DE VENTAS.

El primer paso para crear un programa de ventas exitoso es comunicar los objetivos de ventas para el departamento y compartir el desempeño financiero de períodos anteriores. Los gerentes deben hacerlo divertido y siempre presentar la información de una manera positiva y constructiva. Se deberán tomar varias decisiones en el desarrollo del programa de ventas, incluyendo la frecuencia con la que se revisan los resultados con el equipo, el formato del programa de ventas, cuales indicadores se utilizarán para evaluar el rendimiento y cuáles serán las recompensas y los motivadores cuando logran los resultados.

Una forma sencilla de empezar a planificar su programa de ventas es diseñar el calendario. Decide la frecuencia de las reuniones para revisar los resultados financieros. Puede ser semanal, mensual o trimestral. Un equipo de ventas que se está desempeñando bien, puede revisar una vez al mes. Los equipos de ventas con bajo rendimiento pueden requerir reuniones más frecuentes para asesorar, planificar y revisar los embudos de ventas. Incluya en el calendario fechas para reconocimientos. Esto puede incluir actividades trimestrales o un evento especial anual.

Una vez que tengas el calendario de tu programa de ventas, considera crear un tablero. Esta es una práctica común de los equipos de ventas para hacer transparente el desempeño de todos. La transparencia del desempeño es un poderoso motivador para los empleados. Agrega metas para el grupo no solo de incentivos y recompensas individuales. Esto es excelente para fomentar la formación de equipos. Anima a los trabajadores de alto rendimiento a ayudar a otros con premios de equipo y otros incentivos creativos. Algunas empresas optan por hacer un tablero de puntuación temático. El equipo elige el tema del marcador para que sea lo más divertido posible. Actualiza y revisa el marcador con frecuencia, celebra los éxitos y manténlo positivo. Es sumamente importante compartir información de las iniciativas de la compañía que apoyan sus esfuerzos.

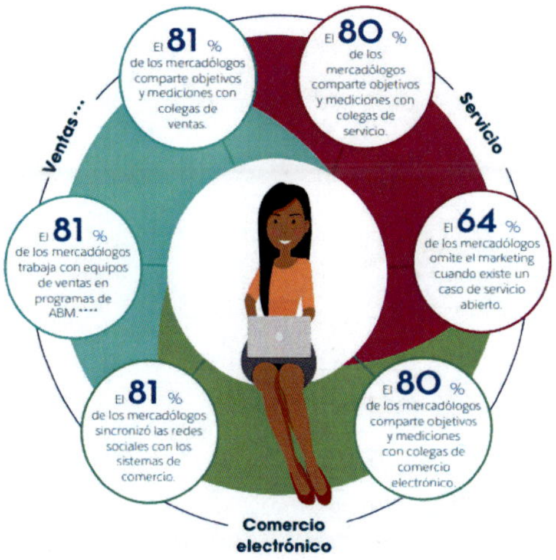

https://c1.sfdcstatic.com/content/dam/web/es_mx/www/documents/e-book/state-of-marketing/sexta-edicion-state-of-marketing.pdf

Diseña tu programa de ventas con gamificación. Selecciona los indicadores clave de rendimiento más importantes para el éxito de su departamento. Luego, decide los incentivos que están disponibles para otorgar a través del programa de ventas. Esto puede incluir gestos simples como certificados de reconocimiento, tiempo libre o, incluso, una invitación a almorzar con el presidente de la empresa. Algunas empresas optan por ofrecer incentivos más lujosos, como certificados de regalo, trofeos y viajes de incentivo. Revisar con tu equipo ejecutivo el presupuesto, motiva al equipo de ventas. Hablar con tus proveedores y clientes para realizar trueques y, en ocasiones, podrás obtener recompensas atractivas para su equipo a un costo moderado. Decide qué indicador de rendimiento se incentiva con qué recompensa. Luego, comunica a tu equipo los premios y cuáles son los criterios que necesitan alcanzar para lograr el premio. Haz pública la información del programa de incentivos para entusiasmar al equipo.

LOS PROGRAMAS DE INCENTIVOS SON UNA FORMA DESEABLE DE MANTENER A LOS EMPLEADOS COMPROMETIDOS CON LA EMPRESA. EXISTEN ESPECIALISTAS QUE AYUDAN CON EVENTOS DE RECONOCIMIENTO, Y ACTIVIDADES DIVERTIDAS PARA EQUIPOS DE TRABAJO.

Como gerente de ventas, recuerde que es importante continuar vendiendo su producto y su empresa al departamento. No subestime la rapidez con la que un equipo puede desmoralizarse. Muchos representantes de ventas experimentan rechazos frecuentes y manejan las querellas de sus clientes cuando escalan problemas. Es muy importante utilizar estas reuniones para hablar sobre todas las cosas maravillosas que suceden con la empresa incluyendo los esfuerzos de mercadeo, publicidad y promociones que la empresa está realizando para respaldar el departamento de ventas. Comunicar los mejores servicios y proveer oportunidades para que los empleados asistan a capacitaciones, eventos de la industria (ej. convenciones) y de actividades coordinado por la empresa.

COACHING

Además de coordinar las reuniones del departamento, los gerentes de ventas deben programar tiempo para hablar con sus asociados de ventas individualmente. Siéntete orgulloso de ser un entrenador eficaz. Un buen entrenador es empático. Tienen conversaciones auténticas con sus empleados, escuchan y les recuerdan sus objetivos. Un buen "coach" tiene comunicación uno-a-uno, asegurándose de crear un lugar seguro donde el empleado se sienta cómodo para hablar sin ser juzgado por otros. Además de fomentar sus objetivos laborales, también fomenta buenas prácticas de estilo de vida y bienestar. Fomentar una cultura empresarial saludable, incluso recomendando descansos cuando sea necesario para que los empleados puedan recargar energías y evitar el desgaste. Ser un buen "coach" se trata de estar presente, observar y hacer sugerencias constructivas.

RECONOCIMIENTO

En el momento de reconocer a tus empleados, hazlo correctamente. Es buena idea reconocer cuando un agente de ventas cierra un gran negocio. Sin embargo, al reconocer a los equipos de ventas, debes usar el tacto. Comprende quién está en tu equipo y reconoce a las personas de una manera que no cause problemas. El primer paso es reconocer el tipo de personalidad del miembro del equipo que reconocerá. Los introvertidos pueden preferir un mensaje privado reconociendo su logro. Los extrovertidos apreciarán un reconocimiento público. No querrás tomar a alguien con la guardia baja cuando lo vas a reconocer públicamente. Asegúrate de que la persona esté prestando atención cuando la vaya a reconocer. Habla con autenticidad y evita las bromas en el momento en que reconoces a un miembro del equipo. Empieza con una historia de fondo, para que puedan ver venir el anuncio. Cuenta una buena historia que describa lo que se hizo, cuándo sucedió y cuáles fueron los obstáculos que se superaron. ¿Cuáles fueron los sacrificios que tuvieron que hacer y cuál fue el logro? Describe el comportamiento que quieres inspirar en la cultura de tu empresa.

TEMAS DE RECURSOS HUMANOS

¿Cuáles son los cambios que están afectando a los recursos humanos hoy que son diferentes a los de ayer? Dado que trabajar desde casa es cada vez más aceptado, existen consideraciones especiales. Desde la perspectiva de los recursos humanos, ya no es necesario contratar localmente. La contratación y la subcontratación se están llevando a cabo a nivel mundial y esto cambia la dinámica de incorporación de nuevos empleados, adiestramiento y despidos. La empresa debe asegurarse de tener una política de "trabajo desde casa", así como programas de asistencia a los empleados. Estas políticas no solo aseguran el bienestar bajo las tensiones de la pandemia, sino que también aseguran que los empleados tengan las herramientas y los recursos para tener éxito. En el pasado, no era apropiado que un gerente preguntara sobre la vida personal de un empleado. Hoy en día, es irresponsable no saber sobre la vida personal de un empleado. A medida que muchas personas pasan a trabajar desde casa, surgen nuevas consideraciones sobre el equipo de la oficina en el hogar, las distracciones de la vida familiar y el estrés de estar aislado durante períodos prolongados de tiempo.

LAS NUEVAS CONSIDERACIONES EN RECURSOS HUMANOS INCLUYEN LA CAPACIDAD DE CONTRATAR A UNA MANO DE OBRA A NIVEL MUNDIAL Y LAS IMPLICACIONES DE ADMINISTRAR UNA FUERZA LABORAL REMOTA.

Uno de los mayores retos de administrar un equipo de ventas remoto es lograr el equilibrio perfecto entre registrarse con su equipo y evitar la demasiada supervisión. Si bien trabajar desde casa puede tener sus ventajas, también puede tener sus inconvenientes. Los empleados se sienten desconectados de la empresa y pueden frustrarse rápidamente. Los gerentes pueden tener dudas sobre si su equipo dedica las horas necesarias. Pueden desarrollar ansiedad sobre si los proyectos se están realizando correctamente y si se completarán antes de la fecha límite.

Se necesita inteligencia emocional para navegar. Como gerente, familiarízate con los motivadores de los empleados. Algunos empleados están agradecidos cuando se toma el tiempo para comunicarse con ellos, revisar proyectos y brindar retroalimentación. Otros empleados pueden preferir trabajar de forma autónoma y resentirse si su gerente se comunica con ellos con frecuencia. Pueden ver esto como una señal de que el gerente no tiene confianza en sí mismo o en el empleado. Como gerente, debes inspeccionar lo que esperas. No estarías haciendo tu trabajo si no verificas la calidad del trabajo que estaba haciendo tu equipo y te asegurará de que se realiza a tiempo. Sin embargo, debes demostrar que confías en tu equipo. Si no creen que confías en ellos, entonces no te respetarán o no se desempeñarán bien. Para manejar mejor el estrés de las cuotas del gerente, en vez de llamar y coordinar muchas reuniones se asignan fechas límite para enviar reportes. Al solicitar borradores para proyectos, el gerente puede estar tranquilo de que el trabajo estará listo a tiempo y el empleado también puede sentir que está en el camino correcto. Minimizan la necesidad de reuniones al mismo tiempo que generan confianza en que los proyectos se están llevando a cabo. Evalúa a tu equipo sobre la finalización de proyectos y no sobre las horas que trabajaron y encontrarás que trabajar desde casa es una experiencia más productiva.

Una de las prácticas más innovadoras que se informó durante la pandemia fue la implementación de un sistema de asignación de "buddies" o compañeros de trabajo. Para utilizar esta estrategia, los miembros del equipo se emparejan con otros empleados para reunirse ocasionalmente vía teléfono o llamada de video. Las empresas rotan a los amigos. Esto permite que los empleados compartan las mejores prácticas, ofrezcan aliento y reduzcan la sensación de aislamiento. Los gerentes que supervisan a los equipos de ventas remotas entienden que la socialización en el departamento es una parte importante de sentirse parte de una empresa. Algunos equipos de ventas coordinan pausas para el café virtual. Esto ayuda a los empleados a aliviar el estrés. Este tipo de estrategias ayudan a mitigar el agotamiento y ayudan a los gerentes a identificar problemas potenciales en el departamento lo antes posible.

CAMPAÑAS TELEFÓNICAS

Una campaña telefónica es un complemento excelente para todos los demás esfuerzos de ventas. ¿Qué sucede cuando alguien lee tu publicidad y solicita que alguien se ponga en contacto? Aquí es donde una campaña telefónica sigue siendo efectiva. Mucha gente cree que las ventas son un juego de números y, con un mayor volumen, tendrás más clientes. Sin embargo, si manejas las consultas de los clientes de manera incorrecta, terminarás gastando mucho más tiempo y recursos de lo necesario.. Empieza por optimizar tus líneas telefónicas. En los últimos años, las empresas de telecomunicaciones han realizado muchos cambios en la forma en que prestan sus servicios a los clientes. En particular, han desarrollado una serie de aplicaciones telefónicas para bloquear las llamadas de ventas. Es importante comprender cómo estos cambios pueden afectar a su negocio. El primer paso para optimizar sus campañas de llamadas es seleccionar un identificador de llamadas atractivo. Si dejas tu identificador de llamadas como predeterminado ("default"), tus clientes pueden terminar viendo un mensaje como "Most Likely Spam". Un "Caller-ID" como este afectaría en gran medida tu capacidad para realizar ventas. Ser proactivo y seleccionar un "Caller-ID" que atraiga a los clientes a responder la llamada. Otra consideración importante es identificar si tu número de teléfono ya se ha marcado como "spam". Si tiene una cantidad desproporcionada de llamadas que van directamente al correo de voz, se cortan o dan como resultado señales de ocupado, su línea telefónica puede verse comprometida.

Si registras irregularidades en los resultados de tu campaña, debes considerar un número de teléfono específico para campañas telefónicas salientes. Elije usar un número de teléfono que pueda cambiar de vez en cuando. Un número de teléfono VoIP es una opción económica y fácil de implementar.

El segundo paso en implementar una campaña telefónica es desarrollar un guión para tu equipo de ventas y capacitarles para que tengan éxito. La etiqueta común para llamadas de ventas comienza con una introducción. El agente debe identificarse y declarar la empresa a la que representa. Es una buena práctica hacer una pausa para que el cliente procese esta información antes de continuar. Una vez que la persona que llama ha entendido quién es el agente y a qué compañía está llamando, el agente puede indicar el propósito de su llamada, por lo general, anunciando una solución a un problema. Un buen vendedor hace preguntas educadas y escucha las respuestas del cliente. Deben comprender las necesidades de los clientes y tratar de ayudarles. Las preguntas que hace el agente también se utilizan para calificar al cliente y verificar si pueden ser un buen cliente. Las preguntas deben redactarse de manera que el cliente se involucre en cada paso hacia el cierre de la venta. Trata de formular las preguntas de una manera que refuerce el entusiasmo de los clientes por comprar. No realices preguntas en las que la respuesta sea no, intenta formularlas de modo que la respuesta sea siempre un entusiasta ¡SÍ!

WHATSAPP & SMS

Muchas personas tienen una percepción negativa cuando piensan en las campañas de SMS y optan por las formas más pasivas de promoción. Cuando tomamos en consideración la adicción prevalente a los teléfonos, los empresarios no deben descartar este medio. Estudios demuestra que los consumidores revisan sus cuentas de text. y WhatsApp en exceso de 24 veces por día. Muchas personas revisan los mensajes de texto en el momento que se envían. Además, hay indicaciones que los clientes prefieren mensajes de texto, chats, y WhatsApp en vez de llamadas telefónicas. Este medio de comunicaciones no está utilizado por muchas empresas. Entonces promociones en este formato crea una línea directa entre tu empresa y los clientes desatendido. Existen una variadad de herramientas y programas que ayudaran a los empresarios a maximizar y automatizar las campañas de SMS, chat, y llamadas.

SISTEMAS PARA EL MANEJO DE CLIENTES (CRM)

Un sistema para manejar los contactos (CRM) es una base de datos poderosa que se utiliza para almacenar información del cliente. Crean un punto de acceso central para que tu personal recupere información sobre un cliente y herramientas para mejorar el esfuerzo de ventas. Algunas de las funciones de estos programas incluyen programar fechas para seguimiento, enviar correos electrónicos automatizados, almacenar documentos relacionados con un cliente y compilar notas sobre las preferencias del cliente. Estos programas pueden ayudar a reducir la entrada manual de datos, lo que resulta en menos errores. También recopilan datos para producir informes. Estos informes pueden ayudar a responder preguntas críticas como cuántas solicitudes se recibieron de los diferentes canales de publicidad y cuál fue la tasa de conversión en cada una de esas campañas Es importante hablar con su equipo de ventas y revisar los resultados. Intente buscar tendencias de por qué los clientes potenciales no califican o no realizaron conversiones.

TCPA - (TELEPHONE COMPLIANCE PRIVACY ACT)

La TCPA es una ley que establece regulaciones estrictas para los vendedores por teléfono. El incumplimiento de las regulaciones de la TCPA dará lugar a sanciones económicas, incluida multas por cada incidente. A continuación, se muestran algunos de los puntos clave de la regulación de telemercadeo:

- No se pueden llamar a los clientes que están registrados en la lista nacional "No llamar". Existen aplicaciones en línea que ayudan a las empresas a cumplir con esta regulación.
- Los vendedores por teléfono deben indicar su nombre, empresa, número de teléfono / dirección de contacto.
- Solo pueden realizar llamadas entre las 8:00 a.m. y las 9:00 p.m. en la hora local.
- Las campañas telefónicas no pueden llamar a dos o más líneas telefónicas de una empresa multilínea en el mismo momento.
- El telemarketing realizado con un marcador automático ("dialer") debe pasarse a un agente en vivo en 2 segundos.
- Los vendedores por teléfono que utilizan equipos profesionales, como un marcador automático, no pueden tener una tasa de abandono de llamadas de más del 3%.
- Deben mantener registros de consentimiento durante al menos 5 años.

Existen leyes similares en Europa y Canadá. Los emprendedores que utilizan campañas telefónicas y campañas de correo electrónico deben familiarizarse con la Ley CAN-Spam y la Ley GDPR en Europa. Las opiniones públicas están cambiando y la tendencia es un aumento de las regulaciones estrictas sobre la privacidad personal y el uso de datos.

ACTIVIDAD GRUPAL

Aquí hay un ejercicio grupal para que tu equipo se abra e interactúe. Llamamos a este ejercicio el compartir un "hightlight" y un "lowlight" de tus experiencias durante la semana. En esta actividad, cada persona comenta lo mejor y peor de su semana. Brinda a cada participante la oportunidad de compartir lo más destacado y sus retos. Termina con una tercera pregunta que alumbra el punto de vista de los clientes.

ALTO

Comienza compartiendo la mejor parte de su semana, lo que le da al participante la oportunidad de compartir algo de lo que está realmente orgulloso. Tu equipo puede celebrar con ellos su victoria.

BAJO

Luego de compartir la mejor parte de su semana, el participante comparte algo frustrante que pudo haber sucedido durante la semana. Esto le permite al empleado soltar su frustración. Muchos miembros del equipo pueden identificar y ofrecer consejos, o incluso atender el problema. Este ejercicio es una excelente forma informal de interactuar con el equipo.

LA CLAVE

Pídele al miembro del equipo que use una palabra clave que escuchó decir a sus clientes y cuál es su interpretación e implicaciones del uso de la palabra por parte del cliente.

ASIGNAR UNA SECRETARIA SOCIAL

Durante un breve período de tiempo, este miembro del equipo coordina eventos corporativos. Esto puede incluir pausas para el café, juegos divertidos, eventos de premios, incentivos, horas de cócteles y otras reuniones.

Estas actividades sociales informales ayudan a los empleados a superar los sentimientos de aislamiento, al tiempo que crean valiosas amistades en el lugar de trabajo. La idea de designar un secretario social rotativo ayuda a aliviar parte de la presión del gerente en la planificación de estas actividades.

CONCLUSION

La visibilidad en línea y la generación de tráfico en la red está dominando el mundo de las ventas. ¿Cómo aprovechar el SEO, SEM, las redes sociales, etc. para desarrollar tu presencia digital? Utiliza primero las herramientas en este libro para evaluar las tendencias económicas y cómo afectan a tus clientes. Queremos comprender las causas que afectan tu negocio, para entonces formular su estrategia. Concéntrate en tu oferta evaluando los detalles de tu producto, precio, inclusiones y distribución para formular su propuesta del valor del producto. ¿Qué hará que tus productos y servicios sean diferentes de los de la competencia? Define el valor que le brindas a tu cliente. Una vez tengas definido estos puntos estarás listo para lanzar tu publicidad. Con tu meta de mercado y la propuesta del valor clara, puedes desarrollar entonces el mensaje de tu campaña publicitaria. Utiliza todas las herramientas modernas para llegar a tus clientes y facilitar las transacciones. Incluye las páginas de web, aplicaciones de comercio electrónico, redes sociales, "webinars", software para el manejo de clientes, campañas de ventas por teléfono. Luego, mide tus resultados y adáptate según sea necesario para garantizar el éxito. Nunca dejes de aprender, nunca dejes de evolucionar, empoderar a los demás y alcanzarás tu máximo potencial.

¡Te deseo éxito!

REFERENCIAS

- Aboulhosn, Sarah. "How to Use Emoji in Marketing to Drive Engagement" (May 21, 2020) retrieved from https://sproutsocial.com/insights/emoji-marketing/
- Anderson, Michael R. Leading in the Next Normal: A Guide to Building an Engaged, Resilient and Agile Virtual Workforce. (2020) Joy! Publishing 1st ed.
- Bai, Julie. "25 Proven Call Center Best Practices to Delight Your Customers" (May 13, 2020) Retrieved from https://www.nextiva.com/blog/call-center-best-practices.html
- Barnhart, Brent . "How to Set (and Achieve) Meaningful Social Media Goals". (January 2, 2020) retrieved from: https://sproutsocial.com/insights/social-media-goals/
- BB Press. "A Glossary of 100 printing terms" https://www.bbpress.co.uk/news/glossary-of-printing-terms
- Bhattacharya, Joydeep. "12 Ways to Use Machine Learning in Digital Marketing" (2021) Retrieved from https://www.singlegrain.com/artificial-intelligence/12-ways-to-use-machine-learning-in-digital-marketing/
- Buscemi, Stephanie . State of Marketing. 6th Edition from Salesforce Research (2021) E-Book https://www.salesforce.com/mx/form/conf/marketing-cloud/sexta-edicion-state-of-marketing/
- Chen, Jenn. "The Most Important Social Media Metrics to Track" (March 26, 2021) Figure retrieved from https://sproutsocial.com/insights/social-media-metrics/
- Clayton, Sandra. "Social Media Cheat Sheet Content + Content Calendar for Biz Owners and Bloggers" (2021). Retrieved from https://conversionminded.com/social-media-cheat-sheet-content-calendar-for-biz-owners-and-bloggers/
- "Climate Indicators"N.A. (2021) Retrieved from https://www.epa.gov/climate-indicators
- "Codigo de Incentivos" N.A. (2020) Retrieved from www.ddec.pr.gov/codigo-de-incentivos
- Cooper, Paige. "What is Social Media Automation? + 7 Tools That Will Make it Easier." (Nov 4, 2020) retrieved from https://blog.hootsuite.com/social-media-automation
- Cooper, Paige. "Organic vs. Paid Social Media - How to Integrate Both into your Strategy" Retrieved from https://blog.hootsuite.com/organic-vs-paid-social-media/
- "Creating Website Sitemap". N.A. (Jan 23, 2019) Figure Retrived from https://www.quicksprout.com/creating-website-sitemap/
- Fishkin, Rand. "Search Market Share: Myths vs. Realities of Google, Bing, Amazon, Facebook, DuckDuckGo, & More"(Oct. 16, 2018) Figure Retrieved from: https://sparktoro.com/blog/2018-search-market-share-myths-vs-realities-of-google-bing-amazon-facebook-duckduckgo-more/
- "GE McKinsey Matrix" N.A. (2021) Retrieved from https://expertprogrammanagement.com/2018/03/ge-mckinsey-matrix/
- Grieves, Michael (2005). Product Lifecycle Management: Driving the Next Generation of Lean Thinking. McGraw-Hill. ISBN 978-0-07-145230-4.Figure
- Henderson, Bruce. "What is the Growth Share Matrix" (2021) Retrieved from https://www.bcg.com/about/our-history/growth-share-matrix
- HTML Email. N.A. (2nd Edition). Noble Desktop NYC LLC Publishing (June 6, 2019)
- "HTML <meta> Tag" N.A. (2021) Retrieved from https://www.w3schools.com/tags/tag_meta.asp
- "How Legitimate Marketers can Prevent Spam Complaint" N.A. (2021) Mail Chimp. Retrieved from https://mailchimp.com/help/how-legitimate-marketers-can-prevent-spam-complaints/
- Humphrey, Albert. "SWOT Analysis for Management Consulting" (December 2005) . SRI Alumni Newsletter. SRI International. Retrieved from https://en.wikipedia.org/wiki/SWOT_analysis
- Install and Manage Extensions. N.A. (2021) Retrieved from https://support.google.com/chrome_webstore/answer/2664769/install-and-manage-extensions?hl=en
- "How to Help Your Team Break Through Their Top 3 Sales Barriers" N.A. (March 28, 2017) Retrieved from https://salesdrive.info/help-team-break-top-3-sales-barriers/

REFERENCIAS

- Kahn, Rich. Lead Generation Fraud Book. 101 (2021) retrieved https://www.anura.io/resources-ebooks
- Kenton, Will. "Coincident Indicators" (June 1, 2021) Retrieved from https://www.investopedia.com/terms/c/coincidentindicator.asp
- Leist, Rachel. "How To Do Keyword Research"(April 27, 2021) Retrieved from https://blog.hubspot.com/marketing/how-to-do-keyword-research-ht
- Macdonald, Mark. "Ecommerce Business Blueprint: How to Build, Launch, and Grow a Profitable Online Store" (Mar 15, 2021) Retrieved from https://www.shopify.com/blog/ecommerce-business-blueprint
- Manna, Joe. "6 Essential Call Center Campaigns Proven to Increase Sales & Service" Jan, 24, 2020) Retrieved from https://www.nextiva.com/blog/call-center-campaigns.html
- Maslow, A.H. "A Theory of Human Motivation" (1943) Psychological Review. Retrieved from psychclassics.yorku.ca.
- Morris, Kate. "The Ultimate Guide to SEO Meta-Tags" (Jul. 24, 2019) Retrieved from https://moz.com/blog/the-ultimate-guide-to-seo-meta-tags
- Muller, Britney and the Moz staff. "Beginners Guide to SEO" (2021) Retrieved from https://moz.com/beginners-guide-to-seo
- Norman, Harvey. "DJI Mavic Air 2 Drone"(2020) Photo Credit Retrieved from https://www/harveynorman.com.au/dji-mavic-air-2-drone.html
- Patel, Neil. "10 Free Keyword Research Tools to Help Plan Your New Site."(2021) Retrieved from https://neilpatel.com/blog/10-free-keyword-research-tools-to-help-plan-your-new-site/
- Patel, Neil. "How to Create Viral Content That Generates 2,500 Visitors Per Day" (2021) Retrieved from https://neilpatel.com/blog/how-to-create-viral-content-that-will-drive-2500-visitors-per-day/
- Potters, Charles and Investopedia Staff. "Lagging Indicator" (May 2021) Retrieved from https://www.investopedia.com/terms/l/laggingindicator.asp
- Payoneer. N.A. "Su pasaporte a la expansión del mercado global" (2017) E-book
- "Pixels to Print Conversion Chart" N.A. (2020) Retrieved from https://www.pinterest.com/pin/347692033728244662/
- Reid, Robert D. & Bojanic, David C.. "Hospitality Marketing Management". (2010) Wiley Publishing (5th Edition). ISBN: 978-39-265-3727-3.
- Richardson, J. "A Brief Intellectual History of the STEPE Model or Framework (i.e., the Social, Technical, Economic, Political, and Ecological)" (May 6, 2019) Retrieved from https://en.wikipedia.org/wiki/PEST_analysis
- Santora, Jacinda. "How to Grow Your Email List: 80+ Proven and Simple Ways" (March 16, 2021) Retrieved from https://optinmonster.com/73-proven-and-simple-ways-to-grow-your-email-list/
- Semick, Jim. "Product Roadmap"(2020) E-Book. Published by Product Plan.
- "12 Call Center Best Practices You Need to Be Doing Right Now" N.A. (April 24, 2020) Retrieved from https://callminer.com/blog/4-call-center-best-practices-you-need-to-be-doing-right-now
- "7 Daily Habits of Highly Effective Sales Managers" N.A.(December 11, 2019) Retrieved from https://salesdrive.info/7-daily-habits-of-highly-effective-sales-managers/
- Unbounce. N.A. "101 Landing Page Optimization Tips". N.A. (2021) Retrieved from https://unbounce.com/101-landing-page-optimization-tips/
- Yeong, Dean. "How To Build An Email List: 60 Free Ways You Can Use Right Now" (June 25, 2020) Retrieved from https://sumo.com/stories/email-list-building
- Zafra, Dan. "Que es la Apertura de Diafragma en Fotografía" (Apr. 11, 2021) Retrieved from https://capturetheatlas.com/es/que-es-la-apertura-de-diafragma-en-fotografia/
- "API"In Wikipedia (2021) https://en.wikipedia.org/wiki/API

REFERENCIAS

- "Domain Name" from Wikipedia. N.A. (2021) Retrieved from https://en.wikipedia.org/wiki/Domain_name
- "Hashtag" In Wikipedia N.A. (updated June 2021) retrieved from https://en.wikipedia.org/wiki/Hashtag
- "JSON" In Wikipedia (2021). Retrieved from https://en.wikipedia.org/wiki/JSON_Feed
- "Plug-In (Computing)" In Wikipedia (2021). Retrieved from https://en.wikipedia.org/wiki/Plug-in_(computing)
- "RSS" In Wikipedia (2021). Retrieved from https://en.wikipedia.org/wiki/RSS
- "SSH File Transfer Protocol". In Wikipedia (2021) Retrieved from https://en.wikipedia.org/wiki/SSH_File_Transfer_Protocol
- "Streaming Media" from Wikipedia.N.A. (2021) Retrieved from https://en.wikipedia.org/wiki/Streaming_media
- "Telephone Consumer Protection Act of 1991". From Wikipedia N.A. From: https://en.wikipedia.org/wiki/Telephone_Consumer_Protection_Act_of_1991 (22 April 2021)
- "The History of Ethernet" from Wikipedia. N.A. (September 10, 2011). Retrieved from https://en.wikipedia.org/wiki/Ethernet
- "Web Hosting Service" from Wikipedia. N.A. (2021) Retrieved from https://en.wikipedia.org/wiki/Web_hosting_service
- "Microeconomics" from Wikipedia N.A. (2021) Retrieved from https://en.wikipedia.org/wiki/Microeconomics
- "What is a KPI? Measure your performance against key business objectives." N.A. (2021) Retrieved from https://www.klipfolio.com/resources/articles/what-is-a-key-performance-indicator/
- Wireframe Pack 4 Carbon. N.A. (2021) Figure Retrieved from www.muse-themes.com/products/wireframe-pack-4-carbon
- The Book of Lists 2020 © 2020 Published by Latin Media House, LLC, from Guaynabo, Puerto Rico. Retrieved from https://bookoflistspr.com/the-book-of-lists-2019/ Codigo de Incentivos (Ley Núm. 60 de 1 de julio de 2019) Figure Retrieved from www.lexisjuris.com – Ley 60-2019

ÍNDICE

PROPÓSITO DE LA AUTORA

Para el Pueblo de Puerto Rico

Aunque los mercados están fluctuando y la vida está cambiando, no quiero que nadie se sienta perdido. Con el conocimiento empresarial adecuado, se puede encontrar un buen camino a seguir. No sentirse a merced de la economía global. Tengo como visión brindarles estrategias modernas que puedan utilizar para competir efectivamente en los negocios.

Mi nombre es Irene Kravitz. Soy empresaria, analista, 'coach' en deportes acuáticos, profesora universitaria y organizadora de eventos. Doy gracias que en mi vida he tenido educación y buen trabajos. He vivido altibajos económicos, así como emocionantes momentos de innovación. Cuando estoy trabajando en un proyecto me dedico con pasión.

Debido a estas experiencias, siento firmemente que tengo la obligación de retribuir. Valoro tanto la educación que dedicó una buena cantidad de tiempo a tratar de darles a los jóvenes las ventajas que necesitan para incorporarse con éxito a la economía. Con este libro quiero ir más allá y compartir este conocimiento con los propietarios de pequeñas empresas en un formato económico e interactivo, para que se puedan lograr resultados reales.

El propósito es sencillo: proveer ensayos sobre estrategia comercial y presentar las mejores prácticas. El objetivo es que a medida que el lector completa cada capítulo y ejercicio, esté desarrollando el contenido necesario para las campañas de mercadeo digital. Quería que el libro estuviera escrito para propietarios de pequeñas empresas, pero también lo suficientemente sofisticado como para que incluso los propietarios de negocios experimentados pudieran obtener un valor de los ensayos. También diseñé esta publicación de manera que pueda usarse para capacitar a los equipos de ventas. Habiendo tenido muchos trabajos de ventas a lo largo de los años, sé lo difícil que es hacer ventas sin la capacitación adecuada. Con esto en mente, quería diseñar el libro de tal manera que pudiera ampliar a programas de capacitación para representantes nuevos que incursionan en el mundo de las ventas y proveerles confianza, dirección y motivación.

Mi esperanza es que el resultado final sea un plan de mercadeo estratégico bien redactado que lo guíe a través de cualquier entorno económico. Independientemente de las circunstancias, siempre existen oportunidades. Cuanto más reviso los datos financieros, más entiendo lo importante que es cada ciudadano. A veces creemos que no somos importantes, pero las comunidades necesitan a todos. En este sentido, cada persona es realmente muy especial y necesaria. Con muchas personas empoderadas y participando en la economía, podemos encontrar soluciones innovadoras a los retos de nuestra sociedad. Espero empoderar a las personas a realizar su verdadero potencial y ver nuestras comunidades prosperen.

-Irene Kravitz-Correa

Made in United States
North Haven, CT
04 November 2026

21726626R00055